T0246848

¿Y ahora qué?

Míriam Aguilar

¿Y ahora qué?

Una reflexión sobre la no
maternidad por circunstancias

© Míriam Aguilar, 2023
© Ediciones Kōan, s.l., 2023
c/ Mar Tirrena, 5, 08912 Badalona
www.koanlibros.com • info@koanlibros.com
ISBN: 978-84-18223-91-4 • Depósito legal: B 2407-2024
Maquetación: Cuqui Puig • Diseño de cubiertas de colección:
Claudia Burbano de Lara • Ilustración de cubierta: Sara Puig Alier
Impresión y encuadernación: Liberdúplex
Impreso en España / *Printed in Spain*

1ª edición, marzo de 2024

Índice

A mi querida sobrina Mara. Espero que cuando llegue el momento en que tengas que tomar cualquier decisión en relación a tu maternidad o no maternidad, puedas hacerlo de una forma libre, con amor y sintiéndote acompañada y apoyada.

A todas las mujeres sin hijos por circunstancias de ayer, de hoy y de mañana. Vosotras sois parte del motor que me impulsa a seguir haciendo este trabajo tan bonito de divulgación y acompañamiento.

«Hay una grieta en todo, así es como entra la luz», dice Leonard Cohen. Deseo de todo corazón que todas la encontréis.

Prólogo

Faro

No sabía que llegaría a ser posible no sentirme con ese vacío no siendo madre. Que no se me entienda mal, no considero que haya que ser madre para vivir una vida plena; pero mi deseo no realizado era un hueco tan vacío, un pesar tan pesado, que era casi sólido, macizo, compacto. Fue un vacío de carne y hueso que gesté durante años y años.

Sin embargo, aquel invierno, cuando ese pozo roto me ocupaba casi entera, leí las palabras de Míriam Aguilar, y las sentí verdaderas, corpóreas. Entre fotos y susurros narraba su dolor pasado y ya mutado, alentaba a cualquier otra persona en una situación similar a transitarlo, y prometía que el dolor se podía digerir, revestir, colocar. Cuando conocí a Míriam, todavía sentía lejanas esas palabras, pero intuía que algún día podría llegar a habitar ese sosiego. Hoy por fin puedo decir que escribo estas líneas desde ese lugar, pero no hace mucho que me desvestí el duelo.

Conocí a Míriam en esa red digital donde normalmente se comparten egos, envidia, convenciones y prescripciones. No obstante, en los textos de Míriam encontré fragmentos de su biografía en la (no) maternidad, *selfies* y retratos del que fue su viaje, expresados desde una humildad cálida, pero con la templanza de quien ha mantenido extenuantes diálogos con el dolor y ha salido transformada (que no fortalecida; no quisiera romantizar el sufrimiento). Me quedé. La leí y observé. Lloré y suspiré. Me respiró. Y deseé que sus experiencias y reflexiones se recopilaran en un libro, tomaran cuerpo de papel, reposaran en la cadencia de entre los párrafos, viajando de capítulo en capítulo en un tren que me llevara de tránsito hacia la esperanza.

Hubiera agradecido entonces que existiera este libro. Hubiera subrayado con lápiz muchas de las frases de Mir, y garabateado mis propias ideas en los márgenes de la página (diálogos imaginarios y platónicos entre emisora y remitente). Habría paseado con este libro, me habría sentado en un banco y lo habría abierto en mi regazo. Sé con certeza que me hubiera abrazado; y creo que es lo mejor que se puede decir de un libro. Yo misma escribí *Placenta* con la necesidad y expectativa de que fuera un abrazo, tanto para mí como para otras muchas personas que callan este dolor nuestro.

He mencionado antes que sabía que este libro me llevaría de viaje, y es que el libro en sí retrata el recorrido que ha hecho la autora desde la formación del deseo de ser madre hasta la aceptación de la no maternidad, pasando por diversas estaciones: el anhelo, la frustración, la ilusión, la ansiedad, los esfuerzos, la culpa, las dudas y preguntas, la incertidumbre, los sueños y las pesadillas, las penas y las celebraciones. Una paleta abarrotada de colores con mil matices sutiles. La transformación del cuerpo vivo doliente y la emocionalidad cambiante, la construcción y deconstrucción y reconstrucción de ese órgano que es el deseo de ser madre. Ese órgano que habita en una misma. Sin embargo, la mirada de la autora no solo se posa en lo personal, sino que se expande igualmente a los tejidos sociales, estableciendo un diálogo entre el deseo propio y la presión social. Míriam enciende una luz en medio de la penumbra. No nos dicta por dónde ir, sabiendo que cada persona que vista este dolor recorrerá su propio camino. No obstante, nos dice que podemos llegar; y eso es un gran alivio en los momentos de ahogo. *¿Y ahora qué?* es el faro que ilumina la orilla. Y te recuerda que tienes mucho que construir y vivir, sonreír y agradecer, aunque ahora —todavía— no lo creas.

ALAINE AGIRRE

·

Introducción

Un día, durante los años en los que intentaba ser madre, me prometí a mí misma que, cuando lo lograra, hablaría de todo el proceso que había vivido hasta tener a mi hijo o hija en brazos. Iba a contar todas las dificultades que había atravesado para poder ser madre. En aquel momento nadie hablaba de eso, y sentía que era algo muy necesario. Porque si no se habla de algo, no existe. Haría pública mi historia en mis redes sociales y escribiría un libro. Lo haría cuando tuviera a ese bebé tan deseado conmigo, porque él o ella me daría las fuerzas para hacerlo.

Pero ese día nunca llegó.

Empecé a visibilizar mi historia de no maternidad después de tomar la decisión de dejar de intentar ser madre. Lo hice porque me di cuenta de que mi historia, que es la de muchas otras personas, también merece ser contada, aunque no terminara como yo quería y creía que debía terminar. Y porque no quise que nadie la contara por mí.

Ese libro que iba a hacer cuando fuera madre lo estoy escribiendo ahora, sabiendo que nunca lo seré. Lo hago algunos años después de haber tomado esa decisión, que trajo transformación y paz a mi vida. Lo escribo en este momento, con una mirada mucho más amplia sobre todo lo que he experimentado. Lo hago ahora porque, como antes, sigue siendo igual de importante hacerlo.

Al final he comprendido que esa fuerza que pensaba que encontraría en otra persona —mi bebé—, ya estaba en mí. Ahora sé que siempre lo estuvo. Incluso cuando creí que no.

He llegado a amar mi vida tal como es hoy, después de atravesar un largo duelo por la no maternidad. La paz y la calma que siento, y también la sensación de plenitud, no se deben a no haber deseado lo suficiente ser madre, sino a que he trabajado mucho en mí misma y he sentido la necesidad de dejar atrás justamente ese deseo. Además, he querido hacerlo con amor, que es la única forma en que podemos sanar y seguir adelante. Sin más reproches, sin más culpas, sin arrepentimiento. Con amor y abierta a seguir viviendo una vida que no será menos maravillosa por no haber sido madre.

1

La no maternidad por circunstancias

¿Qué es la no maternidad por circunstancias?

La no maternidad por circunstancias es aquella que no se concreta pese a haber existido el deseo y, en muchas ocasiones, años de búsqueda de un embarazo, incluso con pérdidas gestacionales en el proceso, que nos dejan a las puertas de esa maternidad deseada.

Todas las mujeres sin hijos por circunstancias somos mujeres que quisimos ser madres y no lo fuimos. Algunas, a causa de la infertilidad; otras, porque nunca tuvieron la oportunidad de intentarlo... No hay un solo camino que lleve a la no maternidad. Es una experiencia que cada mujer vive a su manera y es importante que sea así, que cada una de nosotras sepa que todo lo que surja en ese proceso es normal, que puede dar espacio a todo lo que siente, sin juzgarlo ni juzgarse a sí misma.

Aunque cada historia es diferente, la no maternidad por circunstancias es dolorosa siempre. Seamos conscientes o no, pues no haber podido ser madre quizá se viva durante un tiempo como un duelo negado.

No hay una forma de no maternidad por circunstancias más dolorosa que otra, porque el dolor no se mide, lo mismo que no se puede medir ni comparar el deseo de querer ser madre.

A veces podemos elegir cuándo soltar ese deseo, y vivirlo como una liberación, como si dejaras ir un peso enorme. Aunque haya habido mucho dolor. Aunque también nos produzca miedo. Quizá es precisamente por eso que se siente como una liberación. Porque el cuerpo ya está harto. El cuerpo sabe. Si estuviéramos más conectadas con él en lugar de pasar tanto tiempo en la mente, pendientes de las opiniones ajenas, nos evitaríamos mucho sufrimiento. Soltar también duele. Es difícil. Es un acto de vulnerabilidad, de desnudez, de irte desprendiendo de capas hasta quedarte solo con tu piel. Elegir soltar ese deseo de maternidad —sí, es una elección— no implica dejarlo ir de repente. Es un proceso. Hay que transitarlo con paciencia y abrirse a la aceptación, que es esencial. De esto hablaremos más adelante.

Otras veces es la vida quien decide cuándo hay que parar: porque se han agotado las alternativas o porque resultan inaccesibles por cuestiones económicas, o porque el cuerpo dice basta en forma de enfermedad.

Muchas veces las mujeres recorren un camino muy largo y muy costoso, a todos los niveles, para intentar llegar a la maternidad. Siempre habrá quien crea que no se hizo lo suficiente, que si no se consiguió es porque no se quería tanto. Esto se relaciona con la creencia de que cualquier esfuerzo es válido con tal de ser madre, sin importar el coste.

La cultura del esfuerzo y sus consignas —«si luchas, lo lograrás»; «no te rindas»; «quien algo quiere, algo le cuesta», etc.—, unidas al positivismo tóxico —«todo es posible»; «seguro que lo consigues»; «si yo pude, tú podrás», etc.—, son el cóctel perfecto para vivir este proceso con una frustración aún mayor.

Hay mujeres que no ponen límites e intentan todo lo que está a su alcance, pero tampoco consiguen ser madres. Esto demuestra que en la vida hay cosas que no están bajo nuestro control, sin importar lo decididas que estemos ni los recursos que tengamos a nuestra disposición.

En otros casos, los límites están más presentes, o se aprende a ponerlos en el camino, como fue en mi caso. Mi experiencia me enseñó que es necesario conectar con la idea de que no todo es posible en todo momento, y que nadie puede asegurar nada. Esto requiere aprender a pensar de forma flexible: quiero ser madre y haré lo que pueda. Si, por la razón que sea, no lo soy, confío en que también estaré bien.

El hecho de acabar un proceso de búsqueda de maternidad sin un bebé en los brazos es algo que existe, que nos pasa a muchas mujeres, hayamos elegido parar de intentarlo o nos hayamos visto forzadas a hacerlo por diferentes razones. Sea cual sea el camino por el que has llegado a la no maternidad por circunstancias, habrá dolido.

Generalmente, el hecho de no poder ser madre provoca una crisis vital que representa un verdadero reto: te has estado proyectando como una mujer-madre, y esa parte de ti no se va a desarrollar. Hay días en que ya no sabes ni quién eres. Has estado tanto tiempo en la zona de la imaginación, en ese futuro hipotético, has estado tan enfocada en lo que querías que pasara, que el presente se te ha escapado.

Somos cambio constante, pero esta es una verdad que nos cuesta muchísimo aceptar. Resulta paradójico: aquello que estamos esperando, la maternidad, es un cambio enorme, pero nos aferramos a la mujer que éramos antes de empezar a intentar tener hijos y eso no es posible. Detrás del dolor que esto genera, no somos capaces de ver que también existe la posibilidad de un crecimiento. Quizá esto solo se aprende después de haber experimentado e integrado esta experiencia.

La no maternidad por circunstancias significa también una pérdida de la inocencia, de esa ilusión con la que se empieza la búsqueda de un hijo, desde la ignorancia o el desconocimiento de las dificultades que se pueden presentar.

La maternidad deseada y no llevada a término es incómoda. Lo es para ti y sin duda lo es para los demás. Intentas esconderla, disimularla. Esperas que nadie saque el tema. Muchas veces sientes que lo llevas escrito en la frente, porque siempre y en todas partes hay alguien dispuesto a recordarte que no eres madre:

—¿Tienes hijos?

—No.

—¿No tienes hijos?

—¡Noooooooooo!

Si intentas explicarle a la otra persona por qué no eres madre, la incomodidad a veces es insostenible, porque muy poca gente está dispuesta a escuchar lo que muchas mujeres necesitan expresar. Después de que te formulen esa pregunta, que muchas personas consideran «inocente, sin maldad», como justificándose, solo encuentras silencio. O condescendencia, que en ocasiones es todavía peor:

—Ay, si eso me pasara a mí, me muero.

—¡No te está pasando a ti, me está pasando a mí! Te invito a escuchar y aprender a sostener lo que sientes cuando otra persona expresa su dolor.

Esta podría ser una buena respuesta en esa situación. La no maternidad por circunstancias necesita menos juicio y más apoyo que, generalmente, se echa mucho en falta. Dejando de lado lo personal, no poder ser madre es también muy duro por todo lo que implica a nivel social. Y el hecho de que haber querido ser madre y no serlo sea un tabú, complica todavía más las cosas.

Leí en cierta ocasión que solo se necesitan dos personas para romper un tabú: una que hable de él y otra que escuche. ¡Y es tan cierto! Pero la sociedad no parece estar preparada para escuchar este tipo de historias. Como decía antes, lo habitual es encontrar silencio o condescendencia al otro lado. Sin embargo, que esto sea así no hace que sea menos necesario contarlas. Porque tu historia, mi historia, es la de muchas otras personas. Y merecen ser contadas.

Empezar a verbalizar lo que estás viviendo o has vivido es el primer paso para normalizar haber querido ser madre y no serlo. Y es, sobre todo, el primer paso hacia la sanación. Pero debes hacerlo a tu ritmo, sin prisas, sin exigencias, poco a poco y cuando te sientas fuerte. Primero en entornos seguros, donde puedas sentirte sostenida —círculos de mujeres, grupos de apoyo, en tus sesiones de terapia, con amigas, amigos y/o familiares con los que te sientas cómoda— hasta que estés preparada para hablar de ello más abiertamente.

Poner en palabras lo que sentimos, cómo nos sentimos, lo que nos duele o lo que nos da miedo siempre es liberador. Y merecemos liberarnos de esa carga que, socialmente y durante siglos, nos han puesto encima a las mujeres que no hemos podido tener hijos.

No haber podido ser madre no es ninguna vergüenza. El hecho de que sigamos ocultando que quisimos serlo alimenta ese tabú. Romperlo ha demandado siempre cierta exposición.

Pero no necesitas lanzarte a hablar de algo que te duele sin haber sanado, sin tener una red, sin sentirte segura. Todo debe hacerse en el momento adecuado. Llegará el día en que alguien te pregunte: «¿Tienes hijos?», y tú puedas responder, orgullosa de ti misma y de tu proceso: «No, no tengo hijos. Quise tenerlos y no pude».

En lo personal, empezar a hablar sobre mi historia de no maternidad fue algo así como vomitar todo lo que había guardado dentro y necesitaba sacar. Mi cuerpo estaba saturado de haber albergado tanta vergüenza, culpa y miedo. Fue sanador.

Lo hice cuando me sentí fuerte. Cuando sentí que cualquier cosa que me dijeran los demás no podía hacerme más daño del que ya había sentido. Cuando estuve segura de que mi dolor, en parte, tenía que ver con el juicio y el estigma social que acompaña no haber podido ser madre.

Si en este momento eres una mujer que está en duelo, si sientes dolor, vergüenza, culpa o lo que sea que sientes, déjame decirte que no hay nada malo en ello. Tampoco hay nada malo en ti. No tienes la culpa de no haber podido ser madre o de haber puesto límites sanos cuando sentiste que era el momento de hacerlo. Estoy segura de que hiciste lo que pudiste y más, con las herramientas, el contexto y el apoyo con el que contaste. No infravalores todo lo que sí hiciste. Has realizado considerablemente más de lo que muchas personas que se quedan embarazadas sin dificultades hacen para traer un hijo al mundo.

No infravalores tu proceso. Incluso si has deseado tener hijos pero, por las razones que fueran, no has podido intentar ser madre. Has hecho lo que creíste que era mejor, para ti y para esos hijos que te hubiera gustado tener. Honra tu proceso, siempre.

No poder ser madre habiéndolo deseado es una putada, sí. Es un revés de la vida, y por partida doble, pues hasta que no empezamos a ser conscientes de que es posible desear ser madre y no lograrlo, esa alternativa no cabe en nuestra mente. Es posible que te hayas sentido sola durante mucho tiempo, creyendo que esto solo te ha pasado a ti. Es importante que sepas que no estás sola, que tomes conciencia de que, si estás en un proceso de aceptación de esta realidad, vas a vivir un duelo, y que es indispensable para poder sanar.

Transitar todo lo que va surgiendo en este camino de sanación, permitirte sentir todas esas emociones incómodas o desagradables, vivir conscientemente el proceso de duelo por esa maternidad que nunca será, son requisitos indispensables para poder sanar la herida. Si intentas escapar de la tristeza, de la ira y de la culpa, lo único que conseguirás es prolongar estas emociones. No se trata de olvidar o de huir del dolor, sino de sentirlo, sea cual sea su forma, para poder integrar esta experiencia. Solo así podrás seguir con tu camino.

La no maternidad por circunstancias como camino de aprendizaje

La no maternidad no solo trae dolor a nuestras vidas, también puede ser un camino de aprendizaje. No intento romantizar esta experiencia, pero es un hecho que puede convertirse en una oportunidad para conocerte mejor, para revisar esas creencias que quizá nunca has cuestionado y que han hecho que este camino sea un poco más difícil.

Revisar tus creencias te permite, además, decidir si quieres mantenerlas o no.

El pensamiento flexible, que es la capacidad de pensar las cosas de otra manera, desde una perspectiva distinta, te ayudará mucho. Es preciso que observes tus pensamientos. Si crees que solo siendo madre serás feliz, es muy probable que la frustración te acompañe siempre. Pero es posible cambiar esa creencia. Busca el origen. Siempre lo hay. En algún momento de tu infancia, adolescencia o juventud, ese pensamiento se instaló en ti de manera inconsciente. Es lo que pasa con los introyectos sociales o familiares, es decir, aquellos patrones, actitudes, modos de actuar y pensar que incorporamos a través de la familia y la sociedad que no son verdaderamente nuestros, que recibimos sin cuestionar, sin preguntarnos si de verdad creemos en ellos. Por ejemplo, si siempre escuchaste que las mujeres de tu familia decían que lo que realmente las hacía felices era haber tenido hijos, es probable que tú creas lo mismo.

La cuestión no es rechazar la maternidad, ni menospreciarla. El punto es no idealizarla. Se trata de que te abras a la posibilidad de que hay otras cosas en la vida que también pueden ser buenas para ti. Puedes construir nuevas formas de pensar, más alineadas con tu yo de ahora. Con la realidad que vives. Después de aceptar la no maternidad y de atravesar el duelo —este paso no puedes saltártelo— este momento representa una oportunidad única para conectar con lo que realmente quieres para ti a partir de ahora. Esa es tu responsabilidad.

En este proceso has tenido que decir adiós a muchas cosas. Ahora tienes espacio para que lleguen otras muchas. ¡Permítete recibirlas! A veces, la culpa por no haber hecho lo suficiente, por haber tenido pérdidas gestacionales, por no haber empezado a intentarlo antes, hace que no te permitas estar bien. Es una forma de autoboicot o autocastigo. Como si fueras responsable de todo lo que no salió como querías. No, amiga. No tienes la culpa de que esto haya pasado. Mereces estar bien.

Ahora que has tomado conciencia de que no serás madre, que estás dejando atrás ese camino, piensa que tienes un libro en blanco en el que puedes escribir, cada día, una página nueva. Está todo por hacer. Las cosas no van a ser como imaginaste. Por lo tanto, todo es posible. Cuando aceptas tu no maternidad, tienes la oportunidad de ser todo lo demás que quieras. Así como ser madre implica dedicación, la no maternidad también necesita que inviertas tiempo y energía en ella. ¡Cuidar de una misma no es poco trabajo! Trabaja en cómo quieres que sea tu no maternidad.

No creas todo lo que te han contado por ahí sobre cómo es no haber podido ser madre. Tú eres la protagonista de tu historia, la que decide cómo va a ser tu no maternidad. Así que, ¿cómo quieres que sea? ¿Qué esperas de ella?

Tal vez nunca te hayas hecho estas preguntas, ¿verdad? No al principio, al menos. La imagen de una mujer que ha querido ser madre y no lo logra se percibe como algo terrible, como si se fuera a morir o algo por el estilo. Y quizá sí muere una parte de nosotras. Pero también nace otra. Tal vez nosotras también demos vida, de una forma diferente a la que imaginamos.

Dicen que nada te prepara para ser madre. Pero todavía menos, digo yo, para no serlo. Todo, absolutamente todo, está concebido para nosotras como futuras madres. Por eso no ser madre es algo que hay que aprender día a día.

No necesitas hacer nada especial por no ser madre. No tienes que compensar la no maternidad con ningún logro, ni demostrar nada, ni rendir cuentas a nadie de lo que haces con tu tiempo. No estás obligada a llenar el tiempo que dedicarías a la crianza de un hijo o hija con proyectos que no te apetezca llevar a cabo, con contribuciones sociales que no quieres hacer. No dejes que nadie te diga cómo vivir. Solo tienes una vida y, aunque no sea como esperabas, tienes derecho a vivirla como quieras. Y tienes derecho a estar bien.

Recuerda: además de una mujer no madre, vas a ser muchas otras cosas.

2

Mi historia

¿Cómo llegué a ser una mujer sin hijos por circunstancias?

Antes de compartir mi historia, permíteme presentarme: soy Míriam Aguilar, tengo cuarenta y seis años y vivo en Barcelona con mi marido y mi gata, y soy una mujer sin hijos por circunstancias. Entre otras muchas cosas. Durante ocho largos años intenté ser madre. Casi lo fui. Pero después de cuatro pérdidas gestacionales y de haber recurrido a la reproducción asistida sin éxito, llegué finalmente a la no maternidad.

En 2010, unos meses después de soplar treinta y tres velas, me quedé embarazada de forma natural poco tiempo después de comenzar a intentarlo. No recuerdo si quise ser madre desde siempre, pero siempre tuve la certeza de que lo sería. Cuando llegó el momento oportuno, junto a mi pareja nos lanzamos a la aventura de buscar un bebé.

Resultó un viaje muy diferente al que imaginamos. Las expectativas que teníamos en torno a ser padres eran tan altas que, cuando tropezamos con las primeras dificultades, nuestra frustración fue proporcional. De eso tomamos conciencia más tarde.

También caí en la cuenta de que la educación sexual que recibimos se centraba exclusivamente en evitar un embarazo. Nadie nos enseñó cómo prepararnos para concebir, qué es la fertilidad, cómo son nuestros ciclos.

La primera bofetada llegó apenas unos días después de enterarnos de que estábamos esperando un hijo, que resultó en un aborto involuntario. El primero de cuatro. Este fue el comienzo de una de las épocas más difíciles de mi vida. Mientras atravesaba el duelo por esa pérdida, experimenté una montaña rusa emocional: rabia, envidia hacia las amigas o conocidas que se quedaban embarazadas sin más, la más absoluta de las tristezas por lo que nos había sucedido. Además, el temor a que se repitiera o nunca volviera a ocurrir. Pasaron así dos años.

No tuve ningún tipo de acompañamiento. Ni social —sentía que nadie me comprendía— ni profesional. Ni se me cruzó por la cabeza que podía pedir ayuda. En mi infancia había aprendido, por necesidad, que yo sola podía con todo. Mi experiencia, y la de muchas mujeres que acompaño, me llevó a comprender que la forma en que nos hemos construido desde pequeñas tiene un impacto directo en cómo llevamos adelante el proceso de la maternidad, la lleguemos a concretar o no. Me refiero a los mecanismos de defensa que aprendimos a usar para protegernos de lo que sentíamos como un peligro, a la forma en que nos acompañaron emocionalmente o a la ausencia de ese acompañamiento por parte de nuestras madres y padres o de los adultos de referencia que tuvimos.

Por regla general, nos lanzamos a la búsqueda de un hijo sin revisar nuestras propias vivencias infantiles ni las creencias que hemos incorporado y que nos han ido modelando de manera inconsciente a través de la familia y la sociedad. Llevamos una mochila muy cargada, que raras veces examinamos, cuestionamos y, sobre todo, sanamos. Por eso, cuando aparecen las dificultades, el hecho de no haber tomado conciencia de esto antes nos sacude de forma muy violenta.

Tu camino hacia la maternidad puede tomar diferentes direcciones, tengas un hijo o no. En cualquier caso, siempre es muy recomendable realizar un trabajo de revisión que te permita conocerte mejor y te dé herramientas para gestionar con mayor conciencia lo que te suceda en el camino. Sin duda, estarás mejor preparada.

Retomando mi historia, después dos años volví a quedarme embarazada. Lamentablemente, el desarrollo de nuestro bebé también se detuvo, pero, a diferencia de la primera vez, en esta ocasión tuvieron que provocarme el aborto. Nunca había sentido tanto dolor. Ni físico ni emocional. Fue una experiencia que me traumatizó.

En la consulta posterior con el ginecólogo para comprobar que todo estuviera en orden después de haber expulsado el saco embrionario —el embrión ya no estaba, porque dejó de crecer en algún momento—, el doctor me dijo que haber sentido ese dolor físico —del emocional, ni hablamos— era normal, porque se trataba de contracciones uterinas. No consideró necesario informarme antes, y no pude prepararme ni física ni emocionalmente, o valorar otras opciones. Podría dedicar un capítulo entero a todas las veces que me sentí infantilizada e incluso maltratada durante las consultas médicas, realizando distinto tipo de pruebas, pero este libro no va de eso.

La violencia obstétrica no solo se ejerce en los partos de bebés que nacen con vida. También sucede en la búsqueda del embarazo, durante el embarazo, en las pérdidas gestacionales, en las pruebas médicas, etcétera. Cuando más vulnerables estamos, menos en cuenta se tienen nuestros cuerpos, emociones y derechos. Es el resultado, por supuesto, de la enorme falta de educación emocional en la sociedad, que incluye, lógicamente, a la comunidad médica y científica.

Después del segundo embarazo fallido, decidí que no quería volver a intentar tener hijos. Por un momento, casi me lo creí. Pero el nacimiento de mi sobrina Mara, en 2015, vino a mostrarme que mi deseo de ser madre seguía ahí, intacto. El enojo, la tristeza y el dolor por la segunda pérdida me habían llevado a autocensurarlo. Tomar a mi sobrina Mara en brazos me reconcilió con el deseo de ser madre, que no me había permitido sentir nuevamente hasta ese momento.

Mara nació antes de lo previsto, durante una visita que hice a mi hermana, que en ese momento vivía fuera de Barcelona. En seguida sentí una conexión muy especial con ella, una conexión que persiste. Fue la primera vez desde que empecé a intentar tener un hijo que no sentí envidia ni dolor por el nacimiento de un bebé que no fuera el mío.

El nacimiento de Mara marcó una segunda etapa en mi camino hacia la (no) maternidad. Esta vez sí me dejé acompañar. En parte porque, unos días después de tomar la decisión de volver a intentarlo, tuve una crisis de ansiedad tan intensa que me asusté. Era mi cuerpo el que hablaba, implorando «ayuda».

Dejarse acompañar es importantísimo. Soy consciente de que he tenido el privilegio de haber contado con una ayuda a la que muchas personas no tienen acceso. La salud mental es una de las asignaturas pendientes en nuestro sistema de salud. Es imperativo que sea accesible para todas las personas.

Con la valiosa orientación de mi psicóloga, fui aprendiendo a gestionar mis emociones. Por primera vez comencé a reflexionar sobre los límites que deseaba establecer. Para mí marcó un antes y un después el día en que me di cuenta de que tenía el poder de decidir hasta cuándo seguir intentándolo y qué era lo que estaba dispuesta a hacer o no por ser madre. Experimenté una gran sensación de paz. Fue como si un rayo de luz irrumpiera de pronto en un camino que había estado sumido en la oscuridad. Tomé conciencia de que no tenía que hacer nada que no quisiera o que estuviera en desacuerdo con mis valores. Tenía el poder de elegir, en todo momento. Con esa certeza, supe que todo iría bien, sin importar lo que ocurriera.

Este fue un aprendizaje fundamental. Siempre, siempre, siempre, tú tienes la última palabra. Tú y solo tú, acompañada por tu pareja, si es así como estás transitando esta experiencia, eres quien decide si seguir este camino y cómo.

De una forma cada vez más consciente, mi pareja y yo lo intentamos una vez más. Llegó el tercer embarazo. Después de haber superado las semanas críticas en las que habían terminado los dos primeros, justo cuando empezaba a creer que esta vez sería diferente, volvió a suceder. Nos tocó despedir a nuestro tercer bebé, pero la experiencia fue distinta. Me sentía más segura y tranquila. Ni siquiera fui al hospital. Me acompañaron parte de mi familia y mi matrona, que había estado pendiente de todo el proceso.

Al cabo de un año volvió a ocurrir. Regresábamos de un precioso viaje cuando me enteré de que me había quedado nuevamente embarazada, pero tan solo transcurrió un día antes de que tuviéramos que despedir a nuestro cuarto bebé. No tuve que consultarlo con la almohada: no estaba dispuesta a despedir a ninguno más. Fue algo tan visceral que tuve la certeza de que estaba tomando la decisión correcta.

Aunque hablo en primera persona, porque naturalmente se trata de mi experiencia, viví todo este proceso junto a mi pareja, a quien sigo eligiendo cada día. Él respaldó cada una de mis decisiones. Tenía muy claro que la última palabra la tenía yo, porque, en última instancia, se trataba de mi cuerpo. Mi marido había aceptado mucho antes que yo que quizá no seríamos padres y estaba dispuesto desde mucho antes, también, a dejar de intentarlo, pero la decisión final fue mía.

En ese momento tomé la decisión de que, después de cuatro pérdidas gestacionales (abortos), ya no volvería a intentarlo de manera natural. Era demasiado. Me di cuenta, también, de que intentarlo de esa forma había estado influyendo en muchos otros aspectos de mi vida. Mi sexualidad, por mencionar uno, se había convertido en un medio para quedarme embarazada. Me había desconectado totalmente de mi deseo, de mi placer. Y ya no estaba dispuesta a seguir haciéndolo. Recuperar mi sexualidad no fue algo inmediato. Dedicaré un capítulo entero a ello, pues hay mucho que decir sobre ese tema.

Diagnóstico: infertilidad por causa desconocida

Después de siete años de búsqueda, a mis cuarenta, fui totalmente consciente de mi infertilidad. Acepté que no podía gestar de forma natural, lo que me ayudó a soltar la idea de ser madre solo si me quedaba embarazada de esa forma.

Durante el transcurso de estos años hicimos una multitud de exámenes médicos. Aparentemente, todo estaba en orden. Ningún médico ni prueba —y fueron muchas— pudo darnos una explicación o pista de lo sucedido. El diagnóstico nos dejaba a tientas: infertilidad por causa desconocida.

Nunca sentí que mi vida se hubiese detenido por haber intentado ser madre, pero sin duda el intentarlo y no conseguirlo me condicionaba. Empezaba a toparme con el límite que yo misma me había comenzado a poner unos años antes. Mi cuerpo lo sentía. Estaba exhausta.

No le confié a casi nadie lo que había estado viviendo, porque, cada vez que explicaba algo, me sentía incomprendida y juzgada. En esos años fui el blanco de esa clase de preguntas que suelen hacernos solo a las mujeres: si seremos madres, que para cuándo los hijos, etcétera. Apenas sabía qué responder, estaba entre avergonzada y dolorida.

¿Pero es normal hacer estas preguntas, por muy «naturales» e inofensivas que parezcan? ¿Por qué damos por sentado que todas las mujeres pueden o quieren ser madres? La mayoría de las veces estas preguntas se hacen sin ánimo de ofender o hacer daño, aunque lo hagan. Revelan nuestro enorme grado de inconsciencia. Muestran hasta qué punto hemos incorporado de manera inconsciente ciertos modelos y patrones en los que es necesario encajar. Pero ¿tener hijos no es más bien un asunto privado, que pertenece al ámbito de la intimidad de la pareja? Es hora de que dejemos de hacer este tipo de preguntas.

En medio de mi duelo por la infertilidad surgió la posibilidad de intentar el camino de la reproducción asistida, algo que nunca había estado en nuestros planes. Todavía conservaba un pequeño rayo de esperanza, pero lo que me decidió fue el miedo. No quería arrepentirme más tarde. Aunque mi intuición me advertía que no continuara, en ese momento no estaba preparada para seguirla. Esto también forma parte de mi proceso de aprendizaje: darle crédito al corazón cuando te dice que por ahí no es.

En octubre de 2017 iniciamos un tratamiento de reproducción asistida en una clínica privada. Había motivos para sentirse animados: las tasas de éxito en el tratamiento que íbamos a seguir eran muy altas, todas las pruebas médicas que habíamos realizado no nos habían proporcionado ninguna razón por la que no podía gestar. Todo parecía indicar que esta vez sí era posible.

Al cabo de un año, en diciembre de 2018, después de tres intentos con los cuatro embriones que obtuvimos, de invertir gran parte de nuestros ahorros, de haber obtenido resultados positivos en todas las pruebas extra que hicimos, de intentar todo lo que estábamos dispuestos a probar, seguros de haber puesto todo de nuestra parte, entonces sí llegó el final. Lo decidimos así.

La tarde del 24 de diciembre de 2018 recibí la noticia de que el último intento había fracasado. Ese mismo día, horas después, mi compañero y yo, con una mezcla de tristeza y también de mucho alivio, brindamos por todo lo que dejábamos atrás y por todo lo que estaba por llegar, aceptando con amor que seríamos una familia de dos. No sabía qué me esperaba del lado de la no maternidad, pero no volvería atrás. Y así es como la luz entró en mi vida.

El final feliz: cambiando el relato

En el imaginario colectivo, el único final feliz en la búsqueda de la maternidad es convertirse en madre. Que tras un diagnóstico de infertilidad consigas lo que buscabas —un hijo vivo y sano—, es un final feliz, nadie lo duda. ¿Pero no existen, acaso, otros finales felices? ¿Es posible que el proceso de búsqueda «termine bien» aunque el deseo de ser madre no se haya cumplido? ¿Aunque hayas tenido que elaborar e integrar un duelo? ¿Aunque el camino haya sido frustrante y doloroso? ¿Aunque no lo hubieras vivido de haber podido elegir? En mi opinión, la respuesta es clara: hay otros finales felices.

Lo primero es recordar algo bastante sencillo que por momentos perdemos de vista: cada persona concibe el éxito y la felicidad de una manera distinta. El éxito no significa lo mismo para todas, es algo que depende de los valores y las experiencias de cada una. Por otro lado, el final feliz con el que soñamos cuando empezamos a intentar ser madres también conlleva pérdidas, rupturas, incluso duelos. Es importante que tomemos conciencia de estas cosas, para dejar de idealizar la maternidad y que puedas ver tu proceso de no maternidad desde una perspectiva diferente, con una mirada más amable hacia ti misma y hacia tu proceso. Y también hacia la vida.

Que hayas llegado a tu no maternidad por circunstancias estando con la misma pareja con la que emprendiste la búsqueda de ser madre y con la que deseas seguir viviendo el resto del viaje es un final feliz, por ejemplo. Si tu no maternidad llega con la separación de esa pareja, porque durante el proceso te diste cuenta de que no era lo mejor para ti, también es un final feliz, aunque haya conllevado dolor.

Que estés trabajando para reconstruirte, aprendiendo a quererte por todo lo que eres y también por lo que no, que puedas ver e integrar con amor todo lo que has conseguido y lo que no, es, sin duda, un final feliz.

Que tu no maternidad te traiga nuevas oportunidades y proyectos, de la índole que sean —laborales, personales— es también un final feliz. Tal vez siendo madre no hubieras podido emprenderlos. Es posible que durante un tiempo pienses que hubieras preferido la maternidad, pero quizá descubras que la sensación de plenitud y paz también se encuentra en el desarrollo de otras áreas de tu vida.

Saber que no seré madre, que seremos una familia sin hijos, y sentir ilusión por tantas otras cosas de la vida, saber que puedo amar y entregarme a otras personas y que ellas se entreguen a mí, ser parte y alma de otros proyectos de vida, es, sin duda, un final feliz en la búsqueda de mi maternidad no realizada. Además, puestos a elegir, ¿no es mejor un principio que un final?

Siempre he tenido la sensación de que, a nivel social, la llegada de un hijo representa el punto culminante en la vida de una persona, como si ya no quedara otra cosa que hacer después, como si el resto de lo que podemos ser y conseguir en la vida se eclipsara y perdiera brillo. Un hijo nos permite respirar tranquilas porque hemos al fin conseguido aquello que hay que lograr sí o sí. Quizá es por esto que hablamos de «final feliz».

En cuanto a mí, prefiero hablar de «principio». Ya nos ocuparemos de que sea feliz. Mientras estés atravesando el duelo te costará aceptar que eso que llevabas tanto tiempo esperando —y que has idealizado, seguramente— no sucederá. Tampoco te será fácil ver la parte positiva de la no maternidad. Pero llegará el día en que empezarás a sentirte bien contigo misma, en un rol de mujer que te parecerá nuevo, pero que es, en realidad, el que has tenido hasta ahora. Estarás bien. Serás feliz. No habrá sucedido por arte de magia. Claro que no. Esto requiere trabajo y valentía. ¿Serás feliz todos los días, a cada momento? Obviamente, no. ¡Tampoco lo serías si hubieras sido madre!

Ocúpate de que tu vida sea un viaje bonito, de que puedas vivir experiencias con las que sentirte bien contigo misma, baja las expectativas sin dejar de trabajar para conseguir tus objetivos —que no hayas conseguido ser madre no significa que no puedas conseguir otras cosas—. Poco a poco, suelta esa idea de que solo existe un final feliz. Date permiso para imaginar el tuyo propio. O, como a mí me gusta verlo, tu principio. El principio de este viaje que no tenías planeado y que puede llevarte a descubrir lugares de ti misma que ni siquiera conocías. Estoy segura de que entre todas las mujeres que quisimos ser madres y no pudimos lograremos cambiar el relato.

3

Infertilidad

Infertilidad y reproducción asistida

Antes de abordar el tema de la infertilidad, quisiera hacer una aclaración: la infertilidad no es la única causa de la no maternidad por circunstancias. Lo fue en mi caso, pero hay otros caminos —menos visibilizados— que conducen a la no maternidad y de los que me ocuparé más adelante en este capítulo.

Hecha esta aclaración, pasemos ahora a un tema que, a pesar de que afecta a miles de personas, sigue siendo un tabú social. La Organización Mundial de la Salud (OMS) define la infertilidad como «una enfermedad del sistema reproductivo masculino o femenino que consiste en la imposibilidad de conseguir un embarazo después de doce meses o más de relaciones sexuales habituales sin protección». Según un estudio publicado por esta organización a principios de 2023, la infertilidad afecta a 1 de cada 6 personas en el mundo.

En España se estima que el 17 % de las parejas tienen dificultades reproductivas. Pese a que es un porcentaje altísimo, y a que gradualmente empieza a suscitar más atención, las personas afectadas aún sufren la estigmatización social, y a menudo viven la situación con sentimientos de vergüenza y culpa.

Frente a la imposibilidad de concebir y/o gestar de forma natural, muchas personas recurren a la reproducción asistida. Las tasas de éxito no siempre son tan altas como prometen algunas clínicas privadas. De hecho, hay muchos tipos de «tasas de éxito»: tasa de implantación, de embarazo clínico, de embarazo evolutivo, de parto, etcétera. Es que hay muchos factores que se deben tener en cuenta, aunque esto no suele darse a conocer.

No quiero adentrarme en este terreno. Mi intención no es analizar datos, sino hablar de vivencias y de salud emocional. Sin embargo, me parece muy importante que no perdamos de vista que la reproducción asistida es una industria que genera millones de euros. Se trata de un negocio muy lucrativo.

En cualquier caso y por muy extendida que esté la creencia de que con la tecnología actual potencialmente todos podemos ser madres o padres con solo desearlo, los tratamientos de reproducción asistida no siempre son la solución a la infertilidad. Pareciera que no hay límites a no ser que los pongas tú. El abanico de posibilidades es realmente muy grande. Lo que en verdad es poco frecuente es encontrar a un profesional que te diga que no hay nada más que hacer, o que te lo aconseje.

Algo que podemos sacar en limpio de todo esto es que la industria de la reproducción asistida no pondrá los límites. Esa es una responsabilidad nuestra. Es necesario que nos preguntemos qué es ético y/o moral para nosotros, cuáles son los límites que nuestros valores nos plantean o, como mínimo, no actuar de manera ingenua y saber que detrás de determinados mensajes y propuestas hay intereses económicos.

Por otra parte, muchas veces las personas con infertilidad no pueden acceder a este tipo de tratamientos, bien porque son muy costosos —recordemos que para que la seguridad social se haga cargo de los costes hay que cumplir determinados requisitos—, bien porque no quieren someterse a ellos.

Me parece muy necesario explicitar que así como está bien seguir un tratamiento de reproducción asistida, es perfectamente lícito no hacerlo. Insisto en este punto para enfatizar que todo, absolutamente todo, está enfocado en que acudas a la reproducción asistida en caso de infertilidad. No parece haber un interés, o al menos no el suficiente, en investigar cómo tratar la infertilidad de las mujeres y de los hombres. Por supuesto habrá excepciones, pero es muy poco frecuente que se haga un abordaje integral individualizado para poder conocer las causas de la infertilidad.

Si después de un año de tener relaciones sexuales sin precauciones no te has quedado embarazada, la propuesta es, sin más, que sigas un tratamiento. Y si no funciona, otro. Y otro. Y así hasta que funcione. O no.

No estoy ni a favor ni en contra de los tratamientos de reproducción asistida. Lo que quiero subrayar es que existen opciones, que no estás obligada a hacer nada que no quieras. Tienes derecho a reflexionar, a seguir el camino que creas más conveniente para ti o para vosotros. La presión para que te sometas a tratamientos de reproducción asistida es muy fuerte. Por eso es necesario conectar con lo que tú quieres realmente y que puedas decidir hasta dónde quieres llegar. No le debes maternidad a nadie. Ni siquiera a ti misma.

Visibilizar la infertilidad tal y como se hace actualmente, solo desde la perspectiva de la reproducción asistida y, además, dando a entender que la mayor parte de las personas que recurren a esta acaban el proceso con un bebé en los brazos, no solo es falso, sino que deja a una parte muy grande de la sociedad totalmente invisibilizada, sola y estigmatizada.

Durante un tiempo pensé que era la única persona que sentía rabia o dolor frente a frases como «si realmente quieres, puedes» o «los tratamientos tienen una tasa de éxito muy alta», porque no había podido ser madre y este tipo de consignas y afirmaciones sugerían, de alguna manera, que no lo había deseado lo suficiente, o que no había hecho lo suficiente, o que había algo malo en mí. Como si quedarme embarazada o no fuera algo que dependiera exclusivamente de mi voluntad. Me hacían sentir culpable. Ponían una carga demasiado pesada sobre mis hombros.

Después de todos estos años de aprendizaje personal y de acompañar a personas en situaciones similares, he comprendido la importancia de conectar también con la verdad de que quizá no todos podemos ser madres o padres. Hay muchas personas que me agradecen que hable de esto. Aceptar que no tenemos el control absoluto cuando empezamos la búsqueda de un hijo nos libera, es sanador. No todo depende de ti. La perspectiva de que quizá no puedas ser madre no significa que no vayas a serlo. Creer que seguro que lo serás, no te asegura que lo seas.

Aunque el pensamiento positivo, sin ser tóxico, te ayude a vivir el proceso con mejor ánimo, no es un factor determinante para quedar embarazada. Puedes hacer todo lo que esté a tu alcance y esperar lo mejor, por supuesto. Pero creer que depende de ti solo genera frustración. Y nos alientan a creerlo. Nos animan a intentarlo una vez más, a esforzarnos un poquito más, como si no hubiese espacio para nada más.

Pero hay otra forma de transitar la infertilidad que quiero compartir contigo, sigas o no sigas tratamientos, acabes siendo madre o no. En mi experiencia, hay cinco aspectos que pueden ayudarte a transitar tu proceso desde un lugar más sano:

1. Intenta vivir el presente, aunque sea desafiante, sobre todo cuando estás esperando resultados de pruebas o fechas para empezar un tratamiento, cuando estás en betaespera —ese tiempo que transcurre entre que transfieren el embrión en el útero hasta que puedes hacer una prueba para saber si hay embarazo—, etcétera. Es precisamente en esos momentos críticos cuando es más necesario que nunca recordar que la vida sucede aquí y ahora. A menudo descuidamos lo que ya tenemos persiguiendo lo que esperamos que llegue. Centrarnos exclusivamente en eso nos desconecta de todo lo demás. Seguro que hay muchas cosas que te hacen sentir bien, ¿verdad? Dedícales tiempo. Poténcialas. Conectar con lo que te gusta, con lo que te hace bien, te ayudará a estar más presente. Cuando sientas que te vas a la mente, que algunos pensamientos se vuelven recurrentes, para y respira. La respiración consciente te devolverá al momento actual.

2. Evita las comparaciones, que son una fuente segura de sufrimiento. Se hacen desde la carencia, desde lo que tú no tienes y otra persona sí, desde lo que tú no has hecho y otra persona sí, desde lo que tú no eres y otra persona sí. No hay forma de salir ganando. La comparación pasa por alto que cada persona es diferente, siente diferente y tiene

unas circunstancias personales —económicas, familiares, sociales, emocionales— diferentes también.

Así como vivir en el presente no es fácil, evitar las comparaciones tampoco lo es. Requiere mucho trabajo personal, puesto que nos han enseñado desde la infancia a compararnos con los demás. Así que no te culpes si lo haces, solo presta atención cada vez que lo hagas. ¿Qué es lo que te aporta hacerlo? ¿Cómo te sientes cuando te comparas? ¿Para qué lo haces? Quizá la próxima vez que te compares serás menos dura contigo misma, y gradualmente lo harás cada vez menos.

3. Practica el autocuidado. Es esencial que aprendas a escucharte para conectar con tus propias necesidades. Solo tú puedes saber qué necesitas y cómo quieres transitar este proceso. Concederte una pausa para sentir te permitirá hacer contacto con el cuerpo. Pasamos demasiado tiempo en la cabeza, dándole una y mil vueltas a las cosas, intentando descubrir qué queremos, qué hacer. Muchas veces, las respuestas están en el cuerpo, que nos habla a través de las emociones. Por eso es crucial saber identificarlas y expresarlas. Darte permiso para llorar, gritar, incluso golpear un cojín.

El autocuidado implica, por ejemplo, aprender a decir que no cuando te invitan a lugares con bebés o niños, si sientes que ahora no puedes lidiar con ello. También implica dejar de seguir o silenciar cuentas de Instagram que te generan frustración o te incitan a compararte con los demás. Autocuidado significa no juzgarte por no experimentar emociones que crees que deberías sentir. Por ejemplo, si no puedes alegrarte cuando una amiga te cuenta que está embarazada y en cambio sientes ira, envidia o tristeza. Recuerda: las emociones no se eligen, simplemente son. Sea cual sea la emoción que surja, acéptala y permítete sentirla plenamente.

También forma parte del autocuidado el poner límites a las personas que, incluso sin intención de hacerte daño, te hacen preguntas o cuestionamientos acerca de cómo estás viviendo tu proceso. Ya sea tu madre, algún familiar o una amiga, en ocasiones, estas personas queridas no son conscientes de que hay comentarios que resultan hirientes. Es importante hacerles saber que esas palabras no te hacen bien. Autocuidado es responsabilizarte de tu dolor y actuar en consecuencia.

4. Déjate acompañar por un profesional. La terapia no te dará la solución a tus problemas, pero te enseñará a manejarlos de una forma más sana y amable. En estos procesos, como he mencionado antes, emergen temas no resueltos o poco trabajados del pasado que influyen en la forma en que gestionas lo que estás experimentando en el presente.

No hay nada de malo en pedir ayuda ni en permitirte ser acompañada. El impacto de recibir el diagnóstico de infertilidad es muy fuerte en muchos niveles. Hay personas dispuestas a estar a tu lado en el proceso de aceptar tu situación y en todas las decisiones que creas necesario tomar.

A la hora de buscar acompañamiento, acude a un profesional que te valide, respete y se implique en lo que significa abordar un tema doloroso para ti. Si bien el conocimiento es esencial, la empatía y la capacidad de comprender y acompañar son igualmente importantes. Hay cosas que no se aprenden simplemente en los libros.

5. Recurre a un grupo de apoyo o círculo de mujeres. Mi experiencia con este tipo de espacios ha sido muy positiva. Cuando dejé de intentar tener hijos, busqué mujeres que hubieran pasado por experiencias similares. Fue así como descubrí la comunidad de Gloria Labay. Después de elaborar e integrar mi duelo, y tras un proceso de desarrollo personal y de formarme en acompañamiento gestáltico, decidí crear mis propios círculos de mujeres. Están diseñados tanto para mujeres que están buscando ser madres como para aquellas que están aceptando o han aceptado su no maternidad por circunstancias, estén o no en duelo.

Considero que estos espacios tienen que cumplir algunos requisitos fundamentales:

– Quien facilita o guía el grupo debe haberse formado en acompañamiento emocional, actualizarse y estar en constante revisión para no proyectar en las personas a las que acompaña.

– Debe ser capaz de crear un espacio seguro, íntimo y amoroso.

– Debe facilitar el espacio con algunas premisas innegociables, como no permitir los consejos o intentar que las participantes hablen en primera persona, sin generalizar.

Los círculos de mujeres han existido desde siempre. Son comunidades en donde puedes reunirte con otras mujeres que están viviendo una experiencia similar a la tuya. Hay grupos de embarazo, de lactancia, de crianza. Es lógico que también necesitemos grupos de acompañamiento de la infertilidad o de la no maternidad por circunstancias.

Cuando el camino hacia la maternidad se vuelve muy arduo o cuando no has podido ser madre por la razón que sea, una de las áreas de tu vida que suele verse fuertemente afectada es la social. Es posible que tus círculos de amistad se hayan resentido, incluso desaparecido. Volver a tener un lugar de pertenencia es muy sanador. Como seres relacionales, anhelamos y necesitamos el contacto y formar parte.

Pero ten cuidado, ya que también existen grupos en los que se genera un ambiente tóxico. En estos lugares prevalecen la opinión y el juicio, se fomenta la comparación, y no se respetan las circunstancias particulares de cada persona. En algunos casos, incluso se da lugar a una competición poco saludable. Procura alejarte de lugares así.

Es importante que seas consciente de que las dificultades reproductivas —que tengas infertilidad (o esterilidad)— no te convierte en ningún caso en una persona infértil. Eres fértil en muchos otros aspectos. Hablar de «personas infértiles» es definir a las personas exclusivamente en función de una enfermedad, reduciéndolas a eso. Es hora de que revisemos nuestro lenguaje: no se trata de negar una realidad que existe, sino de evitar que nos definan con una condición específica. A veces no somos plenamente conscientes del impacto emocional que tiene la manera en que hablamos. Dejar de usar estas etiquetas que estigmatizan es un primer paso para cambiar la manera en que vivimos estas situaciones.

Es probable que hayas oído también que se llama «guerreras» a las mujeres que enfrentan la infertilidad. Incluso hay «rangos» en función del tiempo que llevan «combatiendo» la enfermedad. Pareciera que cuanto más se ha sufrido, más «pro» se es. Es preciso que nos replanteemos esta visión. Aunque es muy común utilizar expresiones que sugieren la idea de luchar o combatir las enfermedades, la verdad es que las enfermedades se viven, se transitan, se sanan —o no—, pero no se «luchan».

Estas imágenes —las de una mujer guerrera, fuerte, incansable— generan mucha presión y nos desconectan de nuestra esencia, nos deshumanizan. No podemos con todo. No somos máquinas. ¿Por qué nos empeñamos en creer que sí? ¿Por qué nos quieren hacer creer que sí? ¿Qué pasa si no logras quedarte embarazada y/o tener un hijo? ¿Significa que no has luchado lo suficiente?

A las mujeres que siguen intentado tener hijos, enfrentando negativo tras negativo, se las considera valientes, luchadoras, guerreras. Pero ¿qué pasa con aquellas que deciden no seguir intentándolo o admiten que se sienten agotadas o tienen dudas? ¿Son por eso cobardes, flojas?

Estas expresiones, teñidas de un matiz bélico, generan comparaciones entre nosotras: «No te rindas»; «Si yo pude, tú también»; «La próxima vez, seguro que lo consigues». Son frases que, aunque no se digan con ánimo de dañar, reflejan la inconsciencia de quien las pronuncia, ya que ignoran las circunstancias particulares de cada mujer y/o pareja.

No mereces tener que vivir un proceso de infertilidad con tanta exigencia, que es lo que se esconde detrás de todo este lenguaje. Cuando te exiges demasiado, la culpa no tarda en aparecer. Culpa por no hacer lo suficiente, por sentir miedo, por no tener recursos económicos, por haber empezado a intentarlo «demasiado tarde», por tener dudas, por no lograrlo, cuando se supone que solo por el hecho de ser mujer deberías conseguirlo.

Tienes derecho a caerte, a mostrarte vulnerable, a admitir y abrazar tus miedos. Tienes derecho a ser humana, a poner límites. Tienes derecho a cuidarte durante este proceso. Y puedes hacerlo. Existe otra forma de vivir un proceso de infertilidad, con más conexión y presencia. En mi opinión, es la manera más sana de intentar tener un hijo.

Cómo la infertilidad afecta a la sexualidad

Los procesos de infertilidad suelen impactar profundamente en la sexualidad de la persona y/o pareja. De esto se habla en términos muy generales, y muy poco. De lo que sucede después, menos aún. No se le da la importancia que tiene.

En parejas heterosexuales, la sexualidad puede convertirse durante años en una simple herramienta para lograr el embarazo. Muchas mujeres y hombres han confesado haber tenido relaciones sexuales «cuando toca», sin deseo real, con el único propósito de aumentar las posibilidades de concebir en ese ciclo. Este comportamiento conduce a una gran desconexión con el propio cuerpo y con el placer, y puede afectar la relación de pareja y comprometer su intimidad.

La educación sexual que la mayoría de las personas de mi generación ha recibido —y no parece haber mejoras significativas en la actualidad— se ha centrado principalmente en la contracepción. Nos advirtieron con insistencia sobre los peligros de tener relaciones sexuales sin protección, pero no nos explicaron cómo se logra un embarazo, qué es la fertilidad y cómo cuidarla. Nadie nos ha enseñado cómo funcionan nuestros cuerpos y nuestros ciclos. Este enfoque ha llevado a que muchas mujeres aprendan sobre su cuerpo, ciclos y fertilidad justo cuando se enfrentan a dificultades reproductivas. Resulta al menos desconcertante pensar que a menudo se impulsa a las mujeres hacia la maternidad como si fuera su único destino, simplemente por ser mujeres, sin brindarles las herramientas necesarias para emprender ese viaje con un mínimo de información.

Que no nos sorprenda, entonces, que como resultado de este tipo de educación se haya instalado en el imaginario colectivo la idea de que tener relaciones sexuales sin protección equivale a quedarse embarazada. Así llega el día en que quieres quedarte embarazada y piensas que será fácil, pero la realidad es diferente. En una pareja sana y joven, la probabilidad de embarazo en cada ciclo menstrual es de aproximadamente un 25 %, tan solo un 25 %. Quedarte embarazada no es tan sencillo. Y con cada año que pasa, la probabilidad disminuye.

Para terminar de delinear este cuadro, hay que tener en cuenta que la media de edad en la que las mujeres empiezan a intentar ser madres es más alta cada año. No pretendo culpar a las mujeres por iniciar su camino hacia la maternidad más «tarde», ¡faltaría más! Las razones detrás de este retraso son principalmente de índole socioeconómica. El sistema falla, y esto repercute en nuestras decisiones en torno a la maternidad.

Cuando una pareja heterosexual se lanza a la búsqueda de un embarazo y se encuentra con dificultades, la sensación de frustración es muy grande porque, como se ha dicho, parten del supuesto de que es relativamente sencillo embarazase. El sexo, al menos por un tiempo, deja de ser algo apasionado, divertido, placentero. Ya no es un tiempo compartido de juego, de gozo. Se convierte en una obligación. Pasa de ser un momento de conexión con tu pareja a ser incluso un motivo de discusiones.

Con mayor o menor intensidad, casi todas las parejas experimentan estas dificultades en algún punto de este proceso. Sanar la sexualidad dañada es posible, al igual que recuperar el deseo, tanto de forma individual como con la pareja.

En medio de experiencias tan difíciles, a menudo creemos que nunca volveremos a recuperarnos totalmente, a ser «como antes». Personalmente, pienso que deberíamos desprendernos de la fantasía de que, para estar bien, todo ha de ser «como antes». Hay un aforismo que dice: «Nadie se baña dos veces en el mismo río». Ignorar que la vida es constante cambio y que todo lo que nos pasa provoca un cambio en nosotras, es una ilusión pueril. Se trata de estar bien con lo que hay ahora. Habiendo integrado todas las experiencias vividas. Quizá ahora puede ser incluso mejor que antes.

El proceso de sanar la sexualidad, como cualquier proceso, necesita tiempo, amor y dedicación. En mi experiencia, descubrí que era mucho más fácil si abordaba mi sanación desde la ternura. Cultivar la ternura hacia él, hacia mí misma, hacia nosotros como pareja, y hacia nuestro propio proceso, resultó fundamental. Adoptar una actitud compasiva y ser consciente de todas las experiencias vividas fueron aspectos clave. Y sobre todo, rebajar la exigencia.

Intentar corregir desde la exigencia lo que sientes que no funciona, en esta o en cualquier otra área de tu vida, solo te provocará frustración (más). Pensar que las cosas tienen que ser de una determinada manera te impide ver qué está ocurriendo realmente y darle espacio a lo nuevo que surge, incluso a la solución. A menudo, la exigencia te vuelve ciega a las posibilidades que están presentes, pero que no puedes ver.

Nuestras ideas de cómo han de ser las relaciones sexuales están muy influenciadas por las películas románticas y el porno, en el peor de los casos. Estas representaciones son pura fantasía. Muchas personas reducen el sexo al acto de la penetración. Y es muy frecuente que las mujeres, después de atravesar un proceso de infertilidad, no sientan deseos de que las penetren. Me parece muy lógico. Eso no significa de ninguna manera que no puedan vivir su sexualidad. Por fortuna, el sexo es mucho más que la penetración, y tener la posibilidad de explorar la sexualidad desde otros lugares en un momento así puede ayudarte mucho a reconectar con ella.

Si dentro de tu proceso de infertilidad has sufrido pérdidas gestacionales, aceptar la realidad de no ser madre puede contribuir a la recuperación de la sexualidad, cuando se ha visto afectada. En estos casos específicos, las mujeres experimentan un temor profundo a enfrentar otra pérdida. Algunas incluso evitan las relaciones sexuales. Sus parejas comparten un temor similar. Existe el miedo de verlas sufrir nuevamente, de revivir experiencias dolorosas, incluso de causarles daño cuando tienen sexo, pues las han visto experimentar mucho dolor.

En este contexto, aceptar la no maternidad, es decir, dejar la búsqueda activa de tener hijos, también implica tomar precauciones para evitar un embarazo. Conocer y aceptar que has establecido voluntariamente esta barrera puede ser liberador, y abrirte las puertas a una experiencia sexual más saludable, libre y tranquila. Esto nos beneficia tanto a nivel personal como a nivel de pareja.

Muchas mujeres me han preguntado qué pasa si quedan embarazadas aunque hayan decidido que no quieren seguir intentándolo. Detrás de esta pregunta todavía late el deseo. Es normal. Se trata de un proceso. Creo que la única forma de dejar atrás la sensación del «y si» es cuidarse adecuadamente. De lo contrario, siempre hay una puerta abierta, una posibilidad —aunque sea una en un millón— de que suceda. Todo lo que esto conlleva, a nivel emocional, mental, y también corporal, es muy difícil de sostener. Recuperar la sexualidad no solo es posible, sino que es algo natural. Aprovecha la realidad que te ha tocado vivir para descubrir cómo quieres que sea tu sexualidad a partir de ahora. Permítete reconectar con tu placer, con tu cuerpo, con el otro. Con la vida.

El sexo no es únicamente un instrumento para reproducirnos y tener descendencia. Esta idea —que el sexo sirve exclusivamente para la procreación— tiene raíces en creencias que históricamente han considerado al sexo como algo pecaminoso. Pero el sexo, por supuesto, es mucho más que una función reproductiva. Es una forma fundamental de conexión y comunicación entre las personas. El sexo es salud, es vida.

El proceso de haber deseado ser madre y no serlo, una vez que se integra el dolor, es una experiencia transformadora. Vivida de forma consciente, puede convertirse en una oportunidad para abordar distintas áreas de tu vida de una manera completamente nueva. La sexualidad, también. Date permiso para reaprender. Sin presiones. Dedícale el tiempo que sea necesario a tu sanación.

Hablar de «soltar» puede sonar sencillo, pero la realidad es que se trata de un proceso gradual que requiere mucha práctica. Después de años de experimentar el sexo desde determinado lugar, el cambio no llega de la noche a la mañana. Tu sexualidad sanará en el momento adecuado, cuando estés preparada para ello.

Infertilidad social

En general, solemos tratar el tema de la infertilidad desde una perspectiva médica, abordando sus causas biológicas y fisiológicas, los tratamientos disponibles, etcétera. Dejamos fuera del cuadro que existen otras numerosas razones o circunstancias por las que quienes desean ser madres o padres no lo son. La expresión «infertilidad social» hace referencia precisamente a estas causas, en las que las circunstancias socioeconómicas son determinantes.

La infertilidad social afecta a personas que, durante sus años fértiles, no han tenido posibilidad de buscar un embarazo. La falta de una pareja con quien llevar adelante este proyecto puede ser una de las causas. Muchas veces, la persona no desea o no tiene la capacidad de hacerlo en solitario, algo que es comprensible. Si las condiciones que impone nuestra sociedad ya son lo suficientemente desafiantes para una pareja, imagina la dificultad que puede representar para una sola persona. Otras posibles causas tienen que ver con lo económico, por ejemplo, falta de un empleo estable, etcétera.

En España, la infertilidad social constituye la principal razón por la que las mujeres de cuarenta años o más no tienen hijos, pero apenas se habla de ello. Dar visibilidad a la infertilidad social es una manera de poner de manifiesto los problemas socioeconómicos que existen en nuestra sociedad hoy.

Muchas mujeres no saben si hubieran podido quedarse embarazadas porque no tuvieron la oportunidad de intentarlo. Sienten que les ha sido arrebatada la posibilidad de elegir entre ser madres, no serlo o dejar de intentarlo, como si las circunstancias de la vida hubieran tomado esa decisión por ellas. Esto produce una mezcla de frustración, rabia y tristeza, y en muchas ocasiones, culpa. Cada año que pasa, ves cómo tu posible maternidad se aleja y te quedas con la sensación de no poder hacer nada. Te culpabilizas porque no has podido plantearte antes este tema. Y a todo este dolor e incertidumbre se le añade, además, la presión social y el juicio que la acompaña.

A partir de una edad, las mujeres que no tienen hijos empiezan a ser blanco de preguntas indiscretas, comentarios hirientes y bromas por parte de una sociedad carente de sensibilidad y empatía. Frases como: «Se te va a pasar el arroz»; «Perderás el tren»; «Ya va siendo hora de que sientes la cabeza»; «Eres demasiado exigente, así nunca encontrarás pareja» (insinuando la necesidad de tener hijos); «Esa chica es rarita, todavía vive con sus padres» son una clara muestra de la estigmatización que enfrentan las mujeres. La infertilidad social es dolorosa.

Conocí a Mar en nuestro círculo de mujeres «Aceptando la no maternidad». Mar llegó a esta elección debido a circunstancias socioeconómicas y ha decidido compartir su experiencia.

En junio de 2010, hace aproximadamente once años, con mi pareja tomamos la decisión de hipotecarnos. Dejábamos atrás la vida de alquiler para cumplir con el sueño de tener una vivienda propia. Sin embargo, una semana después me quedé sin trabajo debido a la crisis económica que afectaba por igual al país y a la empresa en la que trabajaba.

De pronto y a punto de cumplir treinta y cinco años, mi vida se derrumbó por completo. El modelo que impone la sociedad, para el que nos adoctrinan y condicionan desde que tenemos uso de razón —tener trabajo, una casa propia, una pareja, hijos, formar una familia— se hacía pedazos. Me sentía estafada, engañada. *La educación familiar, escolar, el Estado, todo nos empuja a vivir conforme las reglas de juego que marca el sistema económico capitalista. Por un lado, fomentan la natalidad para asegurarse unos resultados económicos, por otro, el sistema está montado de tal manera que cada vez resulta más difícil, si no imposible.*

Cuando no encajas en el modelo, te sientes completamente desorientada, vacía. Al principio te enfadas, pero también se te cae el velo y puedes liberarte de todos esos adoctrinamientos.

En esta situación —sin trabajo, sin saber cómo y hasta cuando iba a poder pagar la hipoteca en la que nos acabábamos de meter— plantearme la maternidad era algo imposible de encajar en este puzle.

Al cabo de un año conseguí un trabajo a tiempo parcial que me dio algo de tranquilidad, pero me impuso un estilo de vida austero y restringido. En esos momentos, poner un pie en la calle significaba incurrir en gastos que no podía permitirme.

Con el paso del tiempo, las cosas mejoraron, pero a los treinta y nueve años mi salud se vio afectada por la aparición de una enfermedad autoinmune crónica, a raíz de las condiciones en que se desarrollaba mi trabajo. Esta enfermedad pospuso la búsqueda de un embarazo hasta que estuviera controlada. A los cuarenta y un años, cuando finalmente logré estabilizar mi situación económica, mi salud ya estaba deteriorada.

Durante estos años, mi relación de pareja también sufrió las consecuencias de las dificultades económicas. La falta de dinero afectó nuestra relación. Mirando atrás, veo que pasé años estudiando, que era lo que supuestamente me aseguraría un buen futuro. Retrasé así mi entrada al mundo laboral, lo que demoró también lograr ese sueldo que me permitiera independizarme y construir mi vida. Luego, las realidades laborales me golpearon y perdí mi trabajo, retrocediendo en todos los aspectos. Y resulta que cuando por fin consigo ponerme en camino otra vez, la salud me juega una mala pasada.

En ninguno de estos momentos me sentí preparada para la maternidad: falta de recursos, falta de tiempo, falta de salud. Desde 2010 hasta los cuarenta y un años sentí que mi vida estaba en pausa, ajena a la sociedad. Vivía en una especie de prisión sin estar encerrada.

Desde lo que sabes hoy, es muy fácil juzgarte y dictaminar sobre las decisiones que deberías haber tomado. Durante años me he reprochado a mí misma el no haber sido más valiente, el no haber intentado ser madre en el momento en que me quedé sin trabajo, por ejemplo, porque ahora que sé eso era más importante para mí que pagar una hipoteca. Por fortuna, esa actitud autocondenatoria cedió el paso a una reflexión más sincera y respetuosa conmigo misma. No quería seguir anclada en el pasado, perdiendo el tiempo con pensamientos en bucle sobre una realidad que ya no había forma de cambiar. Deseaba avanzar, seguir adelante con mi vida.

Se abrió entonces para mí un momento de revisión. Me di cuenta, como he dicho antes, de que mi relación de pareja estaba muy afectada, que desde hacía años las cosas no andaban bien. Quizá eso influyó a la hora de plantearme la maternidad en alguno de aquellos momentos.

Siempre quise ser madre, pero la vida me enseñó que la búsqueda de un hijo ni es tan sencilla ni tan idílica, ni es un «vale todo». La partida de cartas de la maternidad para mí se cerró hace dos años y medio. Decidí mirar hacia adelante con una perspectiva nueva.

Había transitado una parte del duelo a medida que las posibilidades se iban cerrando gradualmente, en ese diálogo entre las circunstancias sociales que me habían ido tocando y las decisiones que iba tomando al jugar esa partida. Pero el momento de la decisión final es duro, porque te haces consciente del duelo que estabas pasando hacía tiempo.

Encontrar un grupo de apoyo fue un gran paso. Conocer a personas en situaciones similares, sentirme comprendida, acompañada y aceptada, darme cuenta de que un futuro feliz sin hijos es posible, es sanador. Soltar me liberó de la carga y me permitió avanzar.

4

Acompañamiento y vida social durante el proceso de infertilidad

Cómo acompañar las dificultades reproductivas

El acompañamiento en las dificultades reproductivas tiene dos dimensiones, distintas pero igualmente esenciales y complementarias. Esto permitirá a quienes lidian con un proceso de infertilidad, dificultades reproductivas o duelo por la imposibilidad de tener hijos vivir esta situación de una manera más amable.

• Acompañar desde lo social. Nos referimos al acompañamiento de la familia, los amigos, distintos círculos sociales, etcétera.
• Acompañar desde el ámbito profesional. Es el acompañamiento que brindan psicólogas, terapeutas, profesionales de la medicina general y/o reproductiva en particular, etcétera.

Acompañar desde lo social

Nadie nos ha enseñado a acompañar emocionalmente el dolor y la frustración ajena —ni la propia—. Es algo que tenemos que aprender.

Gestionar la relación con el círculo social habitual puede ser especialmente desafiante para quienes enfrentan dificultades reproductivas o están en proceso de aceptar que no serán madres o padres. Muchos de sus amigos y familiares suelen estar en camino de serlo o ya lo son, lo que lleva a que las conversaciones se centren en este tema. Para quienes no están en esa situación, pero desearían estarlo, esto genera una sensación de exclusión, de no pertenecer. Esto es incómodo y doloroso. No se trata de evitar que otros compartan su nueva realidad, sino de mostrar empatía y comprender que puede resultar doloroso que sea el tema dominante en la conversación para aquellos que no pueden tener hijos por los motivos que sean.

Muchas veces, las personas —familia, amistades, compañeros— no saben qué decir a quien está viviendo un proceso de este tipo. Algunas veces rompen el silencio recurriendo a un repertorio de frases vacías que resultan hirientes u ofensivas, aun cuando esa no sea la intención:

«Cuando te relajes, te quedarás embarazada»; «Estás obsesionada, por eso no te quedas»; «Quizá no tienes que ser madre»; «¿Por qué no haces esto o lo otro?»; «Fulanita se fue de viaje y al volver estaba embarazada, muchas veces es un bloqueo mental»; «Pues yo tengo muchas ganas de que me hagas abuela/o, tía/o»; «Y vosotros/as, ¿para cuándo el bebé?»; «Eres una exagerada, hay cosas mucho peores que no poder quedarte embarazada»; «Si no puedes tener hijos de forma biológica, adopta, hay un montón de criaturas esperando una familia».

A menudo recurrimos a este tipo de expresiones para calmar la incomodidad al escuchar sobre el dolor de otra persona. Pero es importante que aprendamos a sostener esa incomodidad.

Cuando acompañas a alguien, lo primero es la presencia, es decir, la capacidad de estar ahí, en silencio si hace falta, prestando atención a lo que la otra persona necesita compartir. Acompañar es permitir que el otro exprese su dolor y sus miedos, y que pueda soltar, a través de la voz, lo que lleva guardando para sí mismo durante tanto tiempo en su cuerpo. Es el primer paso hacia la sanación.

Dejar que la otra persona exprese cómo se siente con profundo respeto significa también evitar las comparaciones, incluso con aquellas otras personas que han pasado situaciones similares. De esta manera le dices que la estás viendo a ella, que estás viendo su situación. Sin más. Si crees que es oportuno, puedes decirle cosas como:

- Estoy aquí para lo que necesites.
- Es normal que te sientas así.
- Pase lo que pase, estoy a tu lado.
- Cuando necesites hablar, llámame.
- Tú no tienes la culpa de lo que te está pasando.
- Tienes derecho a llorar o a estar enfadada.
- ¿Qué necesitas? ¿Puedo hacer algo por ti?
- Te acompaño en las decisiones que tomes.

Es probable que esa persona te diga que no puedes hacer nada, que lo único que necesita es que estés ahí. No es necesario que hagas nada en particular, ni que aprendas palabras y frases «profesionales» con la intención de calmar su dolor. Esa no es tu función. Su dolor solo puede calmarlo ella, y en caso de que sola no se sienta capaz, puede recurrir al acompañamiento profesional. Lo que necesita de ti es, simplemente, sentirse validada en lo que siente. Que la acompañes en sus emociones.

Estoy convencida de que hay muchas personas que quieren aprender a acompañar a sus hermanas, amigas, compañeras. De hecho, muchas veces me escriben para preguntarme cómo hacerlo, qué decir y qué no. Más adelante compartiré la experiencia de mi hermana, que fue madre dos veces mientras yo no podía serlo. Su testimonio es muy valioso por dos motivos: primero, para tomar consciencia de las dificultades a las que se puede enfrentar una persona que está acompañando a alguien con dificultades reproductivas y, segundo, para aprender a hacerlo. Así que espero de verdad que este libro llegue también a sus manos.

Acompañar desde lo profesional

En el ámbito profesional, es notoria la falta de una mirada integral para abordar la problemática de las dificultades reproductivas y el duelo de no poder ser madre o padre. Es algo que urge cambiar. Pocos profesionales de la salud, incluso aquellos con formación en duelo y trauma o muchos años en el ejercicio de su profesión, están realmente preparados para ofrecer el acompañamiento necesario. Un título no garantiza un buen acompañamiento.

Es fundamental iniciar la investigación sobre este tema, ya que no existe información científica, clínica o terapéutica específica sobre cómo acompañar procesos de infertilidad y duelo por la no maternidad. Abordar la dificultad reproductiva desde una perspectiva exclusivamente clínica, tratándola como si fuera únicamente un problema físico, sin reconocer el impacto emocional y mental que esto tiene, o minimizando su importancia, ha demostrado ser verdaderamente insuficiente. Por otro lado, hemos visto que la infertilidad puede tener causas socioeconómicas que hacen que una persona en edad fértil no pueda tener hijos.

Lamentablemente, sigue siendo común que los profesionales de la salud invaliden, minimicen o no reconozcan el dolor y la vivencia de mujeres que buscan ayuda debido a dificultades reproductivas o la imposibilidad de ser madre. Esta realidad es preocupante y es importante visibilizarla para generar conciencia sobre la necesidad de un cambio.

Por otro lado, también es necesario advertir acerca de todas esas personas que han visto en la infertilidad una oportunidad de hacer negocio, y venden cursos, dietas o terapias que no tienen ninguna base científica.

Acompañar este tipo de procesos no solo requiere formación profesional, sino un conocimiento amplio y profundo de todas las circunstancias asociadas. Y, no menos importante, demanda mucha responsabilidad. Necesitamos profesionales responsables y comprometidos a iluminar un camino que es especialmente difícil por la falta de información que aún persiste.

Es esperanzador constatar que empieza a despuntar una tendencia a abordar la infertilidad y el duelo de la no maternidad desde una perspectiva mucho más integral. Es de destacar la labor que están llevando a cabo algunas psicólogas perinatales y psicólogas especializadas en infertilidad. En mi caso personal, mi experiencia y el deseo de acompañar a otras mujeres en este camino me ha impulsado a formarme como acompañante Gestalt.

Antes de cerrar este apartado me gustaría dar las gracias a todas las psicólogas y terapeutas que han apoyado y compartido mi labor como divulgadora, subrayando así la importancia de visibilizar la vivencia de la infertilidad y duelo por la no maternidad. También doy las gracias a todas aquellas que recomiendan mis círculos de mujeres a sus pacientes. Su respaldo y reconocimiento confirman el valor de esta tarea.

Cuando tus amigas son madres y tú no puedes serlo

Es posible que en algún momento de tu proceso tengas que enfrentarte al hecho de que personas de tu círculo más cercano, como hermanas o amigas, se conviertan en madres con relativa facilidad, mientras tú experimentas dificultades para lograrlo. Esto puede generar dolor. Puedes sentir que tu vida social se detiene, que hay algo que se rompe. En esta situación, es normal que surjan emociones como la rabia, la envidia o la tristeza.

En lugar de preguntarte por qué estás sintiendo estas cosas o de castigarte con pensamientos como «Soy mala persona por sentir envidia o rabia, por no alegrarme por las demás», permítete vivir estas emociones sin juzgarlas. Las emociones no se eligen, simplemente son. No es posible ni recomendable controlar lo que sientes. En cambio, puedes decidir qué hacer con ello.

No hay emociones positivas o negativas. Cada una tiene su función. Es cierto que algunas son «desagradables» y, cuando las experimentamos, es habitual que pongamos inmediatamente el foco fuera. Es decir, en lugar de responsabilizarnos por lo que sentimos y actuar acorde, pretendemos que la otra persona actúe como nosotras quisiéramos. Por ejemplo, que no exprese de forma tan efusiva su felicidad, o que deje de hablar constantemente sobre sus experiencias durante el embarazo, el parto, la crianza, etcétera.

Esta actitud no lleva a ninguna parte. Es imposible controlar cómo actúan los demás. El foco siempre debe estar puesto en nosotras. Empiezas a poner el foco en ti misma cuando te permites sentir lo que surge y prestas atención a qué necesitas para poder transitar esta situación de una forma más amable.

Quizá te das cuenta de que necesitas poner distancia con algunas personas con las que el tema de conversación pasa exclusivamente por su embarazo, maternidad o crianza. Es normal que necesites espacio y mereces dártelo. Puedes expresarles lo difícil que es para ti sostener situaciones en las que te sientes totalmente al margen, conversaciones en las que no puedes participar. Estar rodeada de mujeres que cursan sus embarazos con normalidad o que acaban de convertirse en madres, cuando tú no has podido aún tener hijos o no puedes tenerlos, resalta aún más la realidad de tu situación, generando mucha tristeza y rabia. Esto daña el sentido de pertenencia. Sientes que no encajas en ningún sitio. Es normal, desagradable y doloroso.

Dejar de asistir a reuniones de amigos, familia o, por ejemplo, fiestas infantiles de cumpleaños, donde sabes que todo va a girar en torno a los niños y sus padres, no te convierte en una mala persona. Muchas mujeres se sienten mal por cancelar este tipo de planes. Sin embargo, es tu responsabilidad tomar decisiones basadas en tus necesidades. ¡Tratarte bien y cuidarte no te convierte en mala persona! Además, esas personas tienen muchas otras con quienes celebrar.

Lo mejor que puedes hacer por ti misma es hacerte cargo de lo que sientes y tratar de cuidarte lo máximo posible hasta que recuperes las fuerzas para sostener estos encuentros sociales.

Es habitual que durante un tiempo creas que tu vida social nunca volverá a ser como antes de intentar tener hijos. (Tampoco vuelve a ser igual cuando los tienes.) Dar espacio a lo que sientes y permitirte lo que necesitas transforma también nuestros vínculos. Algunas personas seguirán formando parte de tu círculo social, otras no. Tienes la oportunidad de abrirte, poco a poco, a hacer nuevas amistades en función de tu realidad actual.

Pon siempre el foco en ti. Madurar es aceptar que cada persona tiene un camino de vida único. En el trayecto nos cruzamos con personas que pueden acompañarnos en ciertos tramos, pero que eventualmente tomarán su propio rumbo. Recuerda que cuando se cierra una puerta, se abre una ventana. Nuevos encuentros pueden estar esperándote.

5

La decisión de dejar de intentar tener hijos

¿Qué implica esta decisión?

Si la infertilidad ya es un tema tabú, la decisión de dejar de intentar ser madre lo es aún más. En mi caso, esta elección trajo alivio a mi vida, como si el enorme peso que cargaba se disolviera. Sin embargo, al hablar de ello me he sentido muy juzgada, porque para muchos sentir alivio restaba valor a todo mi esfuerzo y deseo por ser madre.

Percibir la condena social me llevó a comprender que es necesario hablar de esto, porque dejar de intentar tener hijos también es una opción válida. Las mujeres tienen derecho a decir «hasta aquí» sin ser cuestionadas, sin que su deseo anterior sea puesto en duda o sus esfuerzos por ser madre sean minimizados.

Hablar de ello también me permitió descubrir que otras mujeres habían sentido el mismo alivio que yo. Sin embargo, muchas se sentían culpables, avergonzadas, débiles, como si dejar de intentar tener hijos fuese una rendición o derrota. ¿Cómo una elección que requiere tanto valor, fuerza y energía puede considerarse una rendición? ¿Cómo es posible que se considere una derrota el profundo respeto por nosotras mismas, la conexión con nuestras propias necesidades y la aceptación de nuestra vida con sus límites y circunstancias?

A una decisión que es difícil de por sí, le añadimos una capa de dificultad adicional al convertirla en un tema tabú. Sin embargo, es una decisión necesaria cuando lo que está en juego es nuestra salud mental, física y emocional.

No se deja de querer ser madre de la noche a la mañana. Poco a poco, tomas conciencia de que intentar tener hijos a cualquier precio es un camino que no lleva a ningún lado. Nadie más que tú puede evaluar los costes. Cuando sientes que seguir intentándolo te empuja a dar más de lo que estás dispuesta o puedes dar, quizá es hora de valorar la opción de dejar de intentarlo.

Aún me sorprende que hablar de querer ser madre y no conseguirlo, pero especialmente de que has decidido dejar de intentarlo voluntariamente, se considere algo inédito. Muchas mujeres me han escrito confesándome: «¡Por fin alguien que habla de dejar de intentarlo!». En la mayoría de las entrevistas que me han hecho a lo largo de estos años, el foco siempre ha sido haber elegido parar. Las periodistas siempre me han comentado lo mismo: es difícil encontrar a alguien que haya decidido parar y, sobre todo, que esté dispuesta a compartirlo. ¿Deberíamos sentirnos avergonzadas de haber tomado esta decisión? En mi opinión, no.

Culturalmente, empezamos a visibilizar y dar espacio a la decisión de no tener hijos, pero estamos a años luz cuando se trata de reconocer la opción de dejar de intentarlo. Pareciera que no puedes renunciar al deseo de ser madre y que es tu deber persistir a toda costa. Es hora de revisar estas ideas. No podemos seguir creyendo que no tenemos derecho a renunciar a nuestra propia maternidad. La opción de dejar de intentarlo es tan válida como la de seguir haciéndolo. Tienes derecho a elegir esta opción si así lo sientes.

Cuando tomar una decisión de este tipo nos cuesta mucho, lo primero es preguntarnos por qué. Detectar qué es —o quién es— lo que dificulta o impide que puedas tomar una u otra decisión con mayor libertad te ayudará a trabajar en ello.

Quisiera compartir las preguntas más frecuentes que me hacen con respecto a mi decisión de haber dejado de intentarlo: ¿Cómo se toma una decisión así? ¿Y si me arrepiento más adelante? ¿Cómo saber cuándo es el momento adecuado? A continuación responderé a cada una de ellas con la esperanza de que las respuestas aporten claridad.

¿Cómo tomar una decisión así?

En primer lugar, haciéndote cargo de lo que estás viviendo, de tus circunstancias y tu realidad, de tus emociones y sentimientos. Puedes comenzar diciéndote a ti misma: «Esto es lo que estoy viviendo», y luego explorar qué opciones tienes frente a ello. Hazte preguntas como: ¿Qué pasa si sigo intentándolo? ¿Realmente quiero seguir con esto? ¿Me siento presionada? ¿De dónde viene esa presión? ¿De fuera o la estoy ejerciendo yo misma? ¿Qué pasa si no sigo? ¿Qué pierdo y qué gano si decido parar? ¿Qué es, realmente, lo que me da miedo?

A continuación enumeraré algunos conceptos que me parecen claves a la hora de plantearte esta opción.

- Tener dudas es completamente normal. Es un proceso. Para algunas personas, la decisión es muy clara, para otras, implicará un tiempo de dudas que ir aclarando.

- Enfócate en ti. Deja de compararte con otras mujeres y sus procesos. Que una mujer esté quince años intentando ser madre no significa que tú estés obligada a hacer lo mismo, ni que ella lo desee más que tú, ni que merezca más que tú ser madre. Suelta la creencia de que el esfuerzo siempre tiene recompensa, porque no es verdad.

- Céntrate en el presente. No puedes tomar una decisión así con la mente puesta en el futuro, proyectando qué es lo que pasará en unos años, qué sentirás, qué pensarás. Eso te desconecta de lo que sientes y necesitas ahora. Además, nuestra forma de imaginar el futuro está teñida por la fantasía y por nuestros miedos. No sabes qué pasará. Ábrete a que renunciar a ser madre pueda ser bueno para ti también. Recuerda: lo esencial es el presente.

- Los valores importan. Reflejan tu manera de mirar el mundo. Son los principios morales y éticos que sostienes, las cosas con las que te identificas. La honestidad contigo misma implica actuar de manera coherente con tus valores. Si las opciones disponibles para seguir adelante con la búsqueda de ser madre no están alineadas con ellos, ¿puedes tomarlas sin hacerte daño, sin ser desleal contigo misma? Si alcanzar la maternidad implica comprometer tus valores, es posible que haya algo más que solo deseo. Tal vez sientas mucha presión. En cualquier caso, dentro de tu proceso personal es muy valioso descubrir por qué quieres ser madre, discernir entre deseo, creencias y presión social.

- Identificar tus valores te permite establecer tus límites. Antes de plantearte una opción como esta, debes tener claro hasta dónde quieres llegar en esta búsqueda. Durante el proceso, estos límites se van moviendo. Es normal. No tienen por qué ser rígidos. Sin embargo, creo que todas tenemos algunas líneas rojas que no queremos traspasar.

Si estás conectada con tus límites y valores, la decisión de dejar de intentar ser madre puede ser orgánica, es decir, puede ser una decisión a la que vas llegando poco a poco, que aceptas gradualmente, hasta que un día se hace realidad.

Como he dicho en el capítulo anterior, esta decisión también implica poner una barrera real a cualquier probabilidad de embarazo, por mínima que sea. De lo contrario, siempre queda una puerta entreabierta, al menos mientras sigas menstruando. Si en algún lugar de tu mente y de tu corazón aún persiste la posibilidad de que puedas quedarte embarazada, no terminas de conectar con esta decisión. Quizá estás eligiendo que la vida decida por ti. No es ni mejor ni peor; simplemente, no estás eligiendo parar de manera consciente. En ocasiones, esto puede dificultar la elaboración e integración del duelo. Sin duda, lo pospone.

¿Y si me arrepiento más tarde?

Toda decisión conlleva una renuncia. Si eliges A, renuncias a B. Es así con todo. Conviene aceptarlo. ¿A qué renuncias cuando decides dejar de intentar tener hijos? Renuncias, obviamente, a la maternidad, pero hay muchas otras renuncias implícitas a nivel social, familiar, personal.

Renuncias a vivir la experiencia del embarazo, del parto y la lactancia. Renuncias a que te llamen mamá y a que, durante un tiempo, seas la persona más importante para alguien que depende casi exclusivamente de ti. Renuncias a la crianza y todos los logros de los hijos, desde los primeros pasos y palabras, hasta la conquista gradual de su autonomía. Renuncias a la idea de familia que te habías formado. Renuncias a la mujer que creías que ibas a ser. Es importante darle espacio al dolor que producen todas estas renuncias. Expresarlo. Llora esta renuncia.

Pero hablemos también de las renuncias que nadie menciona. Renuncias al dolor de seguir prolongando esta búsqueda, al cansancio y a la frustración que has estado acumulando. Renuncias a la sensación de haber parado toda tu vida para poder ser madre, de estar peleándote contigo misma y con la vida. En la renuncia hay elección. Eliges dejar atrás. Eliges empezar de nuevo. Te eliges a ti por encima de todo.

En mi opinión, no hay arrepentimiento si es una decisión que se toma desde un estado de presencia y en conexión con las propias necesidades y emociones, con consciencia y amor por una misma. Elegir lo que nos hace bien es un acto de amor.

Desde niñas, nos han amenazado con la frase «Si no eres madre, te arrepentirás». Sin embargo, rara vez nos han advertido que podríamos lamentar esos cinco, diez o quince años dedicados a buscar algo que no ha sucedido. Pocas veces se habla de las cosas que hemos dejado de lado, de las experiencias de las que nos hemos privado, de la sensación de hacerlo todo a medias. Romantizamos la idea de ser madre, y no es cierto que serlo a cualquier costo valdrá la pena. Hipotecamos muchas otras cosas importantes en el proceso.

Cuando consideras la opción de dejar de intentar ser madre, es común sentir miedo. Conecta con el temor de que puedas arrepentirte de tomar esa decisión, y también con el miedo al arrepentimiento en general. Siéntelo. Respíralo. Todo lo que nos han contado sobre el miedo no es cierto. Puedes tomar esta decisión con miedo desde el amor.

Para optar por dejar de intentarlo no necesitas el consejo ni la opinión de nadie. Tú eres la única que sabe qué necesitas y cómo te sientes. La opinión de los demás, por muy importante que pueda parecer, está basada en sus creencias y expectativas. No puedes dejar que los demás elijan por ti. La decisión de dejar de intentar ser madre te pertenece, no dejes que nadie la cuestione.

¿Cómo saber cuándo es el momento?

En mi caso, aceptar la posibilidad de que incluso intentándolo todo podía terminar mi búsqueda sin ser madre fue fundamental como paso previo a tomar la decisión de dejar de intentarlo. Durante mucho tiempo pensé que lograrlo dependía solo de mí, y eso fue una fuente de muchísima presión y culpa.

Creo que todas somos conscientes de cuándo es el momento de parar, pero necesitamos cierto tiempo para prepararnos y seguir el camino que nos señala nuestra intuición. No decidimos solo con la mente. También intervienen el cuerpo y el corazón. Es un diálogo interno entre todas las partes que nos conforman. Finalmente llega un día en que tu alma y tu cuerpo imploran fuerte: «¡Basta!», pero no siempre escuchamos o queremos escuchar. Existe mucho ruido tanto fuera como dentro de nosotras. Descubrir qué es lo que te impide rendirte —en el sentido de entregarte— a esta decisión puede ser de gran ayuda para entender la resistencia que sientes y para trabajar en ella. Rebajar el ruido externo requiere introspección. Vuelve a ti misma, dales menos importancia a las opiniones de los demás, empieza a valorar y validar lo que sientes y lo que deseas. Porque tus emociones y sentimientos son válidos, y está bien sentirlos. Acallar el ruido interno implica ser honesta y dialogar contigo misma con sinceridad. Deja de engañarte, yendo y viniendo entre lo que piensas y lo que sabes que necesitas. Ríndete a lo evidente. Si estás atenta, sabrás cuándo es el momento, como con cualquier otra circunstancia de la vida. No te centres en la decisión en sí, sino en lo que implica seguir sin tomarla.

Es una decisión irreversible, porque como para tantas cosas en la vida, hay un tiempo para ser madre, por más que la ciencia se empeñe en hacernos creer que el tiempo no es un impedimento y que no hay edad para empezar a maternar. Cuando decidimos dejar de intentarlo de una forma consciente, sabemos que no hay vuelta atrás, que es un camino de sentido único. Esto da mucho miedo, porque no sabemos qué habrá al otro lado, cómo será ser una mujer sin hijos «para siempre», aunque lo has sido hasta ahora. Tampoco sabemos qué pasará con nosotras cuando seamos mayores, porque tradicionalmente se ha considerado que tener descendencia garantiza cuidados en la vejez, aunque eso no se verifique en muchísimas ocasiones. En cualquier caso, es necesario integrar todos esos miedos, comprenderlos y permitirnos sentirlos.

Al contrario de lo que puede parecer a primera vista después de todo lo que he venido exponiendo, tomar esta decisión también puede ser fácil o sentirse como el desenlace natural de un proceso que se ha ido madurando en el tiempo. Si has llegado a tomar esta decisión, tienes la capacidad de sostenerla y afrontar todo lo que conlleve el duelo asociado a ella.

Pensamos en el duelo como un proceso que solo nos trae dolor, pero no es así. Quizá si confiáramos más en que vivir el duelo es lo que nos ayudará a sanar, no tendríamos tanta resistencia y tanto miedo a entregarnos a él. Me gustaría pedirte que confíes en ti misma, que puedes estar bien. Eso es lo que yo te deseo.

La aceptación

La aceptación es el fruto de un proceso. No sucede de la noche a la mañana ni en un tiempo predeterminado, sino cuando estás lista. Aceptar es hacer las paces contigo misma, dejar de pelearte con eso que tu corazón ya sabe, pero tu mente niega. Es soltar el «cómo hubiera sido» y recibir eso que no puedes cambiar. Aceptar es reconocer tus necesidades, tus límites, y abrazarlos muy fuerte, sin juzgarlos. Jung tiene una frase que ilustra esto a la perfección: «Lo que niegas te somete, lo que aceptas, te transforma».

La idea de que tienes que ser madre a toda costa, de que es el único camino posible para tu felicidad y bienestar, te somete y te encierra en ese pensamiento, impidiéndote ver más allá y abrirte a otras posibilidades de vida.

La negación es una etapa característica en el proceso del duelo, y es natural que en algún momento niegues tu no maternidad. Sin embargo, cuando te quedas estancada allí, es necesario que conectes con la realidad. Aceptar la imposibilidad de ser madre puede ser una experiencia transformadora. Depende de ti convertirla en algo positivo. El dolor y la rabia que has sentido pueden ser un motor para seguir adelante. Mereces una vida plena, incluso si no es como la que te imaginabas. Yo no me resigné a no ser madre. Acepté que no lo sería. Son dos cosas completamente distintas. La aceptación es un proceso activo que requiere valentía y que moviliza mucha energía y fuerza. Es una elección que se toma día a día, otorgándole espacio. Aceptar es liberarte de tu propio juicio y del de los demás. Cuando dejas de juzgarte y de castigarte por lo que no ha podido ser, lo que opinen los demás pierde fuerza. Te invito a que prestes atención, ya que con frecuencia somos nosotras mismas las que más duramente nos juzgamos.

La aceptación está ligada al amor. No se puede aceptar desde el miedo. Aunque haya cosas que aceptamos que nos atemorizan, lo que nos impulsa a aceptar siempre es el amor. Puede ser el amor a ti misma, el amor a tu pareja, si estás atravesando el proceso con alguien más, o el amor a la vida.

La resignación, por el contrario, implica sometimiento y pasividad. Resignarse es conformarse con algo que no te gusta, como si no tuvieras otra opción. Te quita la posibilidad de elegir, te relega a ser objeto de la circunstancia que estás viviendo, como si la responsabilidad de lo que sucede recayera en factores o personas ajenas a ti. Es imprescindible hacernos responsables de lo que nos pasa. Esto equivale a quitarnos la venda que colocamos sobre nuestros ojos para evitar el sufrimiento, pero que al mismo tiempo nos impide ver el camino.

Joan Garriga lo explica de forma muy clara en su libro *Decir sí a la vida*:

Esta adhesión (o aceptación) a la realidad no significa resignación ni pasividad o fatalismo, como algunas personas suelen malinterpretar. Todo lo contrario. Esta adhesión es más bien un acto heroico. Tal vez, por ejemplo, una deseó con ardor llegar a la desconocida tierra de la maternidad, pero eso nunca ocurrió. Convendrá entonces dirigir nuestra energía hacia nuevos horizontes de realización, en lugar de hacer pivotar la vida alrededor del reconcomio ante la frustración. Siempre, siempre, siempre se tratará de encontrar la luz en la sombra.

Aceptar la no maternidad es un proceso que demanda mucha introspección, escucha, presencia y sobre todo, mucho amor hacia ti misma. No te culpes si hay días en los que no te quieres, también forma parte del proceso. Solo presta atención a cómo te hablas y practica cada día la ternura contigo misma. Fomenta la autocompasión, no en forma de victimismo sino de autocuidado.

La aceptación de la no maternidad pasa también por hacerte muchas preguntas. Es preciso que lo cuestiones todo, tu manera de ver el mundo, tus creencias, aquello con lo que te identificas. Empieza a dar cabida a otras visiones de la vida que no sean las dominantes. Escucha el testimonio de mujeres que no han sido madres, también de las que no lo son porque lo han elegido, aunque su experiencia sea diferente. Silencia la maternidad durante un tiempo. Deja de escuchar discursos que te sabes de memoria y que no te hacen bien. Busca otras formas de realizarte, en lugar de quedarte instalada en la rabia y el dolor eternamente. Ábrete a lo desconocido, con miedo o sin él. Como he dicho, también se pueden hacer cosas con miedo.

Aceptar que no puedes o que no has podido ser madre te traerá paz. Es una herida que gradualmente irá sanando y se convertirá en cicatriz. Las cicatrices forman parte de nosotras. La mía me permite estar escribiendo este libro hoy, con la esperanza de que en algún momento veas por ti misma que detrás de toda esta oscuridad hay luz.

¿Y ahora qué?

¿Qué pasa una vez que has aceptado tu no maternidad o estás en proceso de hacerlo, y has decidido dejar de intentar tener hijos? ¿Se acaba el mundo? ¿Cómo imaginar una vida de la que nadie habla o, si acaso llega a representarse, se vislumbra gris y triste? Tal vez sientas un vacío en el estómago: el miedo a lo desconocido. Y sin embargo, tu vida hasta este momento ha transcurrido sin que seas madre, ¿estás segura de que no sabes cómo vivir si no tienes hijos?

Muchas veces me he preguntado cómo es posible que nos dé más miedo no ser madres —algo que ya somos—, que serlo. En mi opinión, esto se debe a lo que para la sociedad significa una mujer sin hijos. Ya hablaremos de esto en detalle, pero no cabe duda de que sin estos prejuicios y presiones sería mucho más fácil aceptar la no maternidad, sea por circunstancias o por elección.

Ahora que sabes que no serás madre y que has hecho a un lado la fantasía de esa vida que no vas a tener, puedes enfocarte en tu vida: en la de verdad, en la que tienes. Es un momento ideal para conectar con lo que deseas para ti, para quedarte con lo que te gusta y te da bienestar, y deshacerte de lo que no.

Puedes convertir esta etapa en un tiempo de experimentación en el que te permitas sentir todo lo que surja. Aprovecha para reconectar contigo. No con la mujer que eras antes de empezar este proceso, algo que no es posible. Te han pasado muchas cosas. No eres la misma mujer. En mi visión, no somos lo que nos pasa, y quizá tampoco lo que hacemos con ello, pero sin duda estas experiencias nos afectan de algún modo.

De lo que se trata es de reconectar con la mujer que eres hoy. Puedes vivirlo como un ejercicio de descubrimiento que se lleva adelante con una actitud curiosa. Habrá cosas de ti que no conocías o a las que quizá no habías dado espacio antes. En mi caso, cuando acepté que no sería madre, me di cuenta de que me encanta vivir en un hogar silencioso porque me da paz. También descubrí que, aunque en el pasado me encantaba hacer muchos planes, ahora prefiero un poco más de improvisación. Y ese amor que había reservado para mis hijos está disponible ahora para otros seres, incluida yo misma.

Es innegable que no tener hijos te permite disponer de más tiempo libre para ti. Dejando de lado clichés del estilo «Como no tienes hijos, tienes todo el tiempo del mundo» —un prejuicio que carece de fundamento, porque todos tenemos nuestras obligaciones—, lo cierto es que sí dispones de un tiempo libre que las mujeres que son madres no tienen, sobre todo en la etapa de la crianza. En mi caso, la capacidad de decidir cómo emplearlo contribuye a mi bienestar.

Pongo este ejemplo porque creo que es fundamental reconocer y apreciar los aspectos positivos de una vida en la que no tienes la responsabilidad de criar hijos. Nadie nos anima ni orienta para valorar estos aspectos. La sociedad parece sugerir, al contrario, que no ser madre es la peor situación que una mujer puede enfrentar, ¿cómo vas a obtener placer y disfrute de algo que es consecuencia de no haber podido ser madre? En mi opinión, se puede y se debe hacer.

Quizá esta sea la razón por la que no hemos oído qué pasa después de tomar la decisión de dejar de intentar tener hijos. O nadie, hasta ahora, nos ha contado cómo es la vida de una mujer sin hijos por circunstancias que ha atravesado e integrado su duelo de no maternidad. No se ha hecho de una forma pública, clara, abierta. El miedo a no poder ser madre nos ha nublado la vista durante muchos años.

¿Y ahora qué? La respuesta es de lo más sencilla. Ahora nada. Ahora todo. Ahora lo que tú quieras. Lo irás descubriendo a medida que te redescubras. Estás empezando a diseñar una vida que no esperabas tener y que puede ser —también— maravillosa. Ahora es momento de enfocarte en ti. Es tu momento. Y requiere de toda tu atención y compromiso. No haber podido ser madre no tiene por qué ser el final de todo, también puede ser el principio. De hecho, lo es.

6

La presión social

¿Qué es la presión social?

La presión social es la influencia que la sociedad ejerce sobre una persona a través de sus miembros —amigos, familiares, grupos de pertenencia, colegas de trabajo, medios de comunicación, sistema educativo, etc.— para que se ajuste a ciertas normas, comportamientos o expectativas sociales. Puede llevarnos a actuar de una determinada manera o a sostener creencias y valores que no reflejan los propios para ser aceptados.

Es muy difícil no ceder ante esa presión. Todos queremos y necesitamos, en mayor o menor medida, gustar a los demás, sentir que pertenecemos. Es natural que evitemos el rechazo y la desaprobación de los otros.

La presión social puede ser muy sutil. Muchas veces adopta la forma de comentarios y/o preguntas tan normalizadas que resulta difícil de detectar. El aparente interés o curiosidad esconde, en realidad, una forma solapada de presión.

Me gustaría repasar aquí las formas de presión social típicas en relación a la no maternidad. En primer lugar, abordaré el tema desde la perspectiva de género, con un enfoque feminista. Aunque pueda resultar obvio, es importante señalar que la presión social sobre la decisión de tener hijos o no recae mayoritariamente sobre las mujeres. La pregunta «¿Tienes hijos?» está, por así decirlo, en la «base» de la presión social cuando tratamos el tema de la no maternidad. Se la formula casi con exclusividad a las mujeres en una enorme variedad de situaciones sociales, y muchas veces por completos desconocidos. A primera vista puede parecer una manera inocente de iniciar una conversación, por ejemplo, pero lo que denota en verdad son una serie de presunciones —por ejemplo, que tener hijos es el estándar en la vida de una mujer adulta— y una actitud intrusiva hacia la intimidad de las mujeres. Expresa, además, una enorme falta de sensibilidad, porque hay una diversidad de razones personales que pueden influir en la decisión de tener o no hijos, y esta pregunta puede molestar o herir a la otra persona.

Se formula con la expectativa de que la respuesta sea afirmativa, pero si acaso la respuesta es «no», afloran otra serie de comentarios y preguntas que ponen más en evidencia esta presión de la que estamos hablando.

Aun suponiendo que la pregunta se haga con genuino interés, ¿qué información relevante puede aportar la respuesta sobre quiénes somos? ¿Nos define como personas el tener o no tener hijos? ¿Habla de nuestra valía? Cuando hacemos esta pregunta desde un juicio implícito, interpretamos la respuesta proyectando nuestra propia visión de la decisión de tener o no tener hijos.

Voy a dar un ejemplo. Cuando las mujeres que trabajan con niños, como maestras, médicas o pedagogas, citan a los padres para conversar sobre alguna dificultad, para comentar una evaluación de desempeño o para valorar la evolución de su hijo o hija, con frecuencia se enfrentan a la pregunta: «Y tú, ¿tienes hijos? Estos padres están esperando una respuesta afirmativa para poder validar la profesionalidad de la persona que tienen enfrente. La pregunta es casi un examen, y conlleva un juicio implícito.

Hay muchas frases o dichos que reflejan este tipo de presión social. En España suele decirse «Se te va a pasar el arroz», aludiendo a que la fertilidad de las mujeres tiene un tiempo limitado. Algunos padres preguntan a sus hijas cosas como «¿Es que no quieres hacerme abuela/o?», porque se ha dicho siempre y se hace en clave humorística, pero si esa mujer tiene dificultades para tener hijos o no quiere tenerlos, lo que sentirá es presión, tal vez un deseo de no defraudar a sus progenitores. También hemos oído preguntas como «¿Quién te cuidará de mayor?», que augura a las personas sin hijos un futuro solitario y de desvalimiento.

«¿Y vosotros, para cuándo? ¿No os animáis?», son preguntas que suelen reservarse para parejas, especialmente en entornos donde la mayoría ya tiene hijos. Este interrogante no solo representa una intromisión total en la intimidad de la pareja, sino que también trivializa una decisión que requiere reflexión y conciencia. No se trata simplemente de «animarse», como si estuviéramos hablando de decisiones banales como probar un nuevo sabor de helado.

La lista de comentarios y preguntas es muy extensa: «Te vas a perder el único amor puro y verdadero que existe»; «Eres la última de nuestro grupo que falta por estrenarse»; «Hasta que no seas madre, no sabrás lo que es el amor», «Cuando seas madre, lo entenderás»; «Una pareja se consolida con la llegada de un hijo»; «Lo mejor que le puede pasar a una mujer es ser madre»; «Fulanita es una amargada, no tiene hijos»; «¿No quieres formar una familia?»; «¿Y si luego te arrepientes de no haber tenido hijos?»; «Si no puedes tener hijos, siempre puedes adoptar».

Estas frases son comunes en situaciones sociales muy variadas, y muchas veces llegan inesperadamente. Por eso, algunas mujeres y/o parejas dejan de socializar o socializan lo menos posible durante el proceso de intentar ser padres. La presión social añade más estrés a una situación de por sí desafiante. Algunas mujeres me han confesado que esto es lo que más les cuesta gestionar.

No sabemos qué hay detrás de la no maternidad o la no paternidad de una persona. Estos comentarios y preguntas son una intromisión en la vida del otro. Pongamos conciencia, y evitemos ejercer más presión.

¿Por qué no adoptas?

Voy a dedicar un apartado completo a esta pregunta concreta porque me parece fundamental que tomemos conciencia de que: 1) No tienes la obligación de adoptar solo por el hecho de no poder tener hijos biológicos; 2) La adopción no debiera ser vista desde la perspectiva de la necesidad y carencia de los adultos, sino desde el derecho fundamental de los niños a tener una familia; 3) La adopción no es un plan B ni un premio de consuelo para quienes no pueden tener hijos biológicos; 4) Los hijos adoptados no son un sustituto de los hijos biológicos que se hubieran deseado tener; 5) La no maternidad no necesita «soluciones», sino aceptación.

Lo primero es comprender la verdadera finalidad de la adopción, porque lo que nos revela la pregunta «¿Por qué no adoptas?» es que el acento está puesto en un lugar equivocado. La adopción es un sistema destinado a brindar protección familiar y social a un niño o una niña para asegurar su bienestar y desarrollo. El foco son las necesidades de ese niño o esa niña, no las de una persona adulta en relación a su deseo de tener hijos. Todos los niños y niñas tienen derecho a tener una familia. Creer que ser madre o ser padre es un derecho que tienen las personas adultas, cuando se trata de un deseo, es un camino que conduce en muchos casos a traspasar los límites de lo que es ético y moral. El foco está en el lugar equivocado.

Cuando te sugieren la adopción después de atravesar un proceso de infertilidad, el mensaje subyacente es que sustituyas ese hijo que no has podido tener de forma biológica por un hijo adoptado, como si la adopción fuera un plan B o premio de consuelo para aquellos que no han podido ser madres y padres de forma biológica.

De este tipo de premisas se desprende que la adopción es solo una opción para las personas que no pueden ser madres o padres de otra manera. Pero esto no es así: las personas que pueden tener hijos biológicos también tienen la posibilidad de adoptar. La diferencia es que nadie les cuestiona por qué no eligieron la adopción. Y sería muy interesante saberlo.

En la adopción, aunque el rol de la madre y del padre en cuanto a su responsabilidad en la crianza es el mismo, hay desafíos y consideraciones únicas asociadas a esta circunstancia. En cualquier caso, es esencial comprender que esa criatura adoptada no es la responsable de sanar la herida de un adulto que no ha podido ser madre o padre de manera biológica. Este es un proceso que debe abordarse antes de la llegada del posible hijo adoptivo a la familia.

La adopción es un proceso que puede ser largo y complejo, y que depende de muchos factores, también el económico. No siempre es posible adoptar. Puede ser muy doloroso que te denieguen la solicitud de adopción de una criatura, y todavía más si ya has atravesado un proceso de infertilidad. Esto también sucede. Adoptar no es, como parecen creer la mayoría de las personas, un proceso sencillo ni la «solución rápida» para la no maternidad/paternidad por circunstancias.

Concebir la adopción como el último recurso al que echar mano frente a la no maternidad por circunstancias es un reflejo más de la creencia de que las mujeres deben ser madres a toda costa. Si no puedes serlo de una forma, prueba de otra. Y si eso tampoco funciona, de otra. Culturalmente, lo que parece difícil es aceptar la posibilidad de que algunas mujeres elijan no tener hijos, a pesar de que esta decisión no afecte la vida de nadie más que la de ellas mismas.

Nuestra no maternidad no necesita soluciones. Las mujeres no deberían sentir la constante presión de tener que ser madres, especialmente cuando han intentado diversas opciones. Lo que necesita nuestra no maternidad es aceptación social y apoyo. Si nosotras podemos aceptar que no seremos madres, las demás personas también pueden.

Para cerrar: nadie debería tener que dar explicaciones sobre los motivos que llevan a alguien a adoptar o no. Es una cuestión íntima, profundamente personal.

Ser o no ser madre, ¿una decisión totalmente libre?

La idea de que todas las mujeres quieren ser madres o deban serlo son ejemplos de lo que es un mandato social. Los mandatos sociales son creencias que aprendemos y asumimos desde la infancia a través de la familia y las distintas instancias sociales, como la escuela, los medios de comunicación, etc. Son sentencias que tomamos como verdades absolutas sin cuestionar. Las hemos escuchado tantas veces que las hacemos propias, aunque se trata de creencias recibidas.

Nadie escapa a los mandatos sociales; hemos crecido con ellos. El imperativo de que todas las mujeres quieren —o deben— ser madres ejerce su influencia en todas nosotras: en aquellas que eligen y pueden ser madres, en las que no quieren serlo y, por supuesto, en las mujeres que quisieron serlo y no pudieron, como en mi caso.

Además de ser un mandato social, es también un mandato de género que se impone a las mujeres. Es poco frecuente oír que a un hombre se le diga que para ser feliz tiene que ser padre, o que lo mejor que le puede suceder en la vida es serlo. Tampoco suelen amenazarle con que no comprenderá lo que es el amor verdadero o que si no tiene hijos no será un hombre pleno.

Los mandatos sociales limitan nuestra libertad. Lo hacen mediante las expectativas y las presiones, imponiéndonos unos caminos predeterminados. Que nadie nos obligue a tener hijos, al menos en esta parte del mundo, no significa que sea una decisión plenamente libre. El proceso de tomar conciencia de estos mandatos es gradual. En la decisión de ser madre pesará no solo el puro y genuino deseo, sino también la «necesidad» de serlo por todas las creencias asociadas a la maternidad (y a la no maternidad, por supuesto). Cuando se va a contracorriente de un mandato social se pone más en evidencia su omnipresencia y poder. No conozco a ninguna mujer que haya optado por no ser madre y que haya estado exenta de la presión, el miedo, la desaprobación y todo tipo de juicios, incluso el chantaje emocional. En años recientes se observa una creciente tendencia a hablar abiertamente sobre la elección de no ser madre, ya sea por circunstancias o por decisión propia. Cada vez más mujeres que han tomado la decisión de no ser madres comparten sus experiencias para acompañar a otras en esta elección de vida. Recordemos siempre que esta decisión es totalmente personal e íntima, y no debería ser objeto de juicio por parte de nadie.

Creo que si nos abstuviéramos de juzgar la decisión de no ser madres, podríamos igualmente dejar de juzgar la decisión de no seguir intentándolo. Esto abriría la posibilidad de transitar este camino con muchísima más libertad y menos miedo. En un ambiente así, cada mujer podría tomar decisiones sobre su maternidad sin sentirse sometida a críticas o presiones externas.

Voy a ilustrar con una imagen lo que vengo diciendo acerca de los mandatos sociales. Imagina que estás en una carretera que de pronto se bifurca. Debes elegir por dónde seguir. El desvío de la derecha es el que escoge la mayoría de las personas. Te explican que yendo por allí serás feliz, es un camino familiar, que te asegura una vida plena y crecimiento personal. El de la izquierda, en cambio, es un camino incierto. Las personas que lo toman son extrañas y su futuro, dudoso. Es un camino solitario. Quienes lo eligen solo piensan en sí mismos.

¿Qué camino elegirías tú? En nuestra sociedad, solo es válida la primera opción. ¿Somos verdaderamente libres de elegir ser o no ser madres en un contexto en que las mujeres que eligen no ser madres, o no pueden serlo, son juzgadas y estigmatizadas? En mi opinión, hasta que las mujeres no podamos elegir ser o no ser madres desde el amor y desde lo que es mejor para nosotras, hasta que se nos deje de infantilizar, haciéndonos creer que, en realidad, no sabemos lo que queremos, hasta que no dejen de decirnos que al final cambiaremos de opinión, hasta que no cesen de amenazarnos con el arrepentimiento, hasta que no se acaben los cuestionamientos y juicios, será una decisión que no podremos tomar con total libertad. Que esto sea así no la invalida como opción. Elegir no ser madre o dejar de intentarlo es tan respetable como la elección de serlo.

Mi mensaje a las mujeres, a todas, las que quieren ser madres, las que no quieren serlo, las que pueden y las que no pueden, es: No le debemos maternidad a nadie. Ni siquiera a nosotras mismas.

Creencias

Después de examinar cómo se manifiesta la presión social en relación a la no maternidad, y de reconsiderar si la decisión de ser madre se puede tomar libre de condicionamientos, es hora de hablar de las creencias que las propias mujeres tenemos sobre este tema.

En uno de los diccionarios de la RAE que organiza el vocabulario por conceptos, se define «creencia» como la «acción y efecto de creer», y creer como «dar por cierta una cosa que no está comprobada o demostrada» o «tener una cosa por verosímil o probable». Etimológicamente, sería «poner el corazón» —la confianza— en pensamientos, ideas o sentimientos que no hacen referencia necesariamente a verdades o a hechos demostrables desde la razón. En la creencia hay un componente afectivo, cognitivo —un conocimiento no verificado—, y conductual, ya que las creencias guían nuestro comportamiento. Una creencia puede ser verdadera, pero no lo es necesariamente. Son variables en el tiempo y pueden ser cuestionadas. Si las consideramos en su conjunto y en una dimensión social, las creencias son los principios ideológicos de una persona perteneciente a un grupo social determinado.

En términos más generales, si tuviera que proporcionar una definición personal de *creencia*, la definiría como una lente a través de la cual vemos el mundo, que le da un color específico. Además de las creencias que uno puede tener a título personal, que tienen que ver con la experiencia de vida de cada uno, existen un conjunto de creencias relacionadas con el entorno social en que hemos crecido y nos hemos desarrollado. Me refiero, en concreto, a nuestro sistema familiar, educativo, cultural. Hemos heredado creencias que integramos de manera inconsciente en la infancia como algo propio, que modelan nuestra forma de ver el mundo, pero que no son nuestras. Tomar conciencia de esto forma parte de nuestro aprendizaje como seres humanos. Es clave comprender que algunas de estas creencias pueden ser limitantes y merecen una profunda revisión.

En cualquier proceso, detectar qué creencias son mías y cuáles son heredadas, cuáles limitan mi crecimiento y bienestar, cuáles me producen sufrimiento, es el primer paso en un camino de transformación. El trabajo con las creencias es imprescindible. Lo primero que tienes que saber es que puedes deshacerte de todas aquellas que ya no te sirven. No solo es posible, sino que forma parte de nuestro crecimiento personal el poder dejarlas atrás.

He elaborado un listado de las creencias más frecuentes en torno a la maternidad y la no maternidad. Algunas han formado parte de mí en el pasado, otras las he recogido a lo largo de estos años dedicados a la divulgación, visibilización y acompañamiento de la no maternidad por circunstancias.

Reunirlas y leerlas de golpe, una detrás de otra, es verdaderamente impactante. No olvides, mientras lees, que se pueden cambiar.

– Ser madre es lo mejor que le puede pasar a una mujer.

– Ser madre es el paso a la madurez.

– El amor incondicional solo se puede experimentar siendo madre o padre.

– Tener hijos garantiza cuidados y compañía en la vejez.

– Si no has podido tener hijos, no podrás ser feliz.

– La maternidad es la única forma de realización personal para las mujeres.

– Tener hijos une más a la pareja.

– Tengo que ser madre para ser feliz.

– Ser madre me da un estatus social.

– Las mujeres madres son superiores a las que no lo son.

– Ninguna mujer se arrepiente de ser madre.

– Si no soy madre, me arrepentiré.
– Ser madre es lo natural en una mujer.
– Las personas que no tienen hijos son egoístas.
– Las personas que no tienen hijos no dejarán ningún legado en el mundo.
– No tener hijos es igual a no tener familia.
– Las mujeres sin hijos son unas amargadas.

La lista es interminable. He realizado esta selección porque son las creencias que se repiten con mayor frecuencia y las que solemos tener más arraigadas. ¿Te identificas con alguna de ellas? ¿Se te ha ocurrido alguna otra? Te invito a crear tu propia lista. Puede ser tu punto de partida para trabajar con tus creencias. Se trata de un trabajo intenso, que requiere voluntad y compromiso, pero vale la pena porque lentamente nos permite ir conquistando una mayor libertad y madurez. A veces nos aferramos a una creencia por miedo a lo que pueda pasar si la soltamos: es el miedo a lo desconocido. Lo que debería darnos miedo es aferrarnos a lo que nos hace daño y nos provoca sufrimiento.

Trabajar con las creencias exige una gran cantidad de energía. Implica hacerse muchas preguntas y aceptar las respuestas. Requiere honestidad y compasión con una misma. Revisar lo que escuchaste en tu hogar o en tu entorno familiar y social durante tu infancia puede implicar la posibilidad de conectar con recuerdos dolorosos. Naturalmente, este trabajo puede llevarse a cabo bajo la supervisión de una terapeuta.

A continuación te propongo algunos ejemplos para que veas cómo puedes trabajar una creencia que te genera sufrimiento o que se ha convertido en una limitación:

Ser madre es lo mejor que le puede pasar a una mujer.

¿A quién le oíste decir esto? ¿De dónde viene esta creencia? ¿Acaso tiene en cuenta la experiencia de todas las mujeres del mundo en relación a su maternidad?

Afirmar que ser madre es lo mejor que le puede suceder a una mujer es negar que hay madres que se arrepienten de ello. También es una forma de ignorar la existencia de experiencias de maternidad durísimas, y desestimar otras formas de realización en la vida de las mujeres. Además, puede convertirse en una manera de culpabilizar a aquellas mujeres que no sienten que la maternidad es el mayor logro de sus vidas.

¿Cómo puedes estar segura de que ser madre hubiera sido lo mejor para ti? ¿Te has permitido considerar la posibilidad de que, a pesar de haber anhelado profundamente la maternidad, hay otras experiencias en la vida que podrían ser igualmente maravillosas y significativas para tu realización personal? No se trata de renegar de la maternidad, sino de dejar de creer que es la única experiencia que vale la pena en la vida de cualquier mujer.

Las personas que no tienen hijos son egoístas.

Para empezar, ¿qué significa ser egoísta para ti? ¿Le otorgas una connotación negativa o positiva? Porque si con egoísmo nos referimos a ocuparnos de nuestras propias necesidades, entonces puede ser indispensable. Nuestro primer deber es para con nosotras mismas. Es el principio básico del autocuidado. Pero más allá de esta trampa que quiere hacer pasar el amor hacia uno mismo como egoísmo, me parece necesario cuestionar que el hecho de tener hijos sea, de por sí, un acto de generosidad. Se tienen hijos por diversas razones, y muchas de ellas no son desinteresadas: hay quienes buscan una compañía para la vejez o quienes hacen depender su felicidad y realización personal de los hijos, depositando sobre ellos una pesada carga de expectativas y mandatos. Muchas veces, la decisión se toma desde la necesidad o la carencia, no desde el amor; por ejemplo, en los casos en que se tienen hijos para «salvar la pareja».

Por último, te invito a reflexionar sobre una de las creencias que más nos afectan cuando estamos en un proceso de infertilidad:

Si no soy madre, me arrepentiré.

Si, después de haberlo intentado, no eres madre, ¿de qué te vas a arrepentir? Si tomas la decisión de dejar de intentarlo es posible que sientas miedo de haber tomado una decisión incorrecta. No obstante, cuando la decisión se toma desde la necesidad del momento, bajo unas circunstancias específicas, no hay espacio para el arrepentimiento. Quizá desees que las cosas fueran de otro modo, pero eso no constituye arrepentimiento.

Si has decidido no ser madre porque no lo deseas y has tomado esa decisión en línea con tus convicciones y tu manera de sentir, es posible que surjan pensamientos de arrepentimiento. Sin embargo, lo que realmente podría estar ocurriendo es que estás cediendo espacio a pensamientos ajenos, a creencias externas y a opiniones de otras personas sobre la maternidad.

Por último, algo que se oculta socialmente: ¿qué pasa con las mujeres que se arrepienten de ser madres? Hace algunos años, en referencia a este tabú, leí *Madres arrepentidas*, de Orna Donath, una socióloga que recoge el testimonio de varias mujeres que, cito textualmente, «Después de ser madres, no han encontrado la "profetizada" plenitud. Aman a sus hijos, pero a la vez no quieren ser madres de nadie». Orna Donath recibió amenazas con el objetivo de que este libro no fuera publicado.

Estas son apenas unas pinceladas que nos muestran lo increíblemente romantizada e idealizada que está la maternidad. Por cierto que detrás de la promoción de la maternidad también hay diversos intereses sociales, económicos y políticos. Tenemos un sistema que necesita que sigamos teniendo hijos porque no podría sostenerse de otra forma (seguridad social, impuestos, pensiones). A determinadas corrientes políticas no les interesa que las mujeres ocupen lugares de poder y prefieren que sigan ocupando roles de cuidado, en el hogar. De esta forma, lo que se castiga es no querer ser madre y/o no poder serlo. Por un lado, nos amenazan con el cuento de que nos arrepentiremos si no tenemos hijos, y por otro, esconden el arrepentimiento por haberlos tenido.

No es de extrañar que la mayoría de las mujeres crean o hayan creído que si no son madres se arrepentirán. Desde mi experiencia de vida, he llegado a la conclusión de que cuando una decisión se toma con consciencia, presencia, amor, libertad y conexión con las necesidades del presente en lugar de las fantasías de un futuro hipotético, el arrepentimiento no tiene cabida.

Podríamos trabajar cada una de las creencias del listado de esta manera, pero ahora quisiera proponerte otro ejercicio: crear una nueva lista con pensamientos que reflejen tu realidad personal hoy. No la de tu abuela o tu madre o la de ti misma ayer. Postula nuevas ideas con las que recorrer este camino inesperado.

¿Cómo puedes permitirte ser feliz no teniendo hijos si crees y te repites constantemente que no puedes tener una vida feliz sin hijos? Puedes. Puedes ser feliz sin hijos. Tu felicidad no depende de nadie más que de ti: no depende ni de tu pareja, ni de los hijos, ni del país en el que vives, ni de ninguna otra circunstancia ajena.

Si estás intentando ser madre y no sabes aún cómo acabará tu recorrido, recuerda que cuestionar lo que creías hasta ahora no te aleja de tu propósito de ser madre. Al contrario. Te servirá para conectarte con tu deseo genuino, para vivir este proceso de una forma más amable. Si llega el momento de tomar la decisión de dejar de intentarlo, este proceso de cuestionamiento y reflexión te habrá ayudado como trabajo previo.

Muchas veces nos quejamos de que el valor de una mujer, en nuestra sociedad, está dado por su capacidad reproductiva. Que se nos presiona y se nos juzga. He escrito este libro, en parte, como un llamado a tomar consciencia sobre esta mirada social tan obsoleta hacia la mujer, hacia la maternidad y la no maternidad.

Pero, créeme, lo que tú misma pienses sobre ser mujer y no ser madre, sobre intentarlo sin éxito, lo que te dices a ti misma, es mucho más poderoso que cualquier opinión o juicio externo. Por eso, trabajar sobre las creencias puede ser tan liberador. Te permite ser parte activa de tu proceso y tomar decisiones basadas en lo que piensas que es mejor para ti, aunque sea con miedo. Puedes dejar de escuchar y de dar cabida a las opiniones y expectativas de los demás. Tu proceso de infertilidad, tu no maternidad por circunstancias y también tu no maternidad por decisión te pertenecen.

7

Las mujeres sin hijos
y su lugar en la sociedad

Cultura y medios de comunicación: la necesidad de referentes de mujeres sin hijos

Los mandatos, creencias y prejuicios sociales asociados a la maternidad y a la no maternidad se manifiestan, naturalmente, en el mundo de la cultura: películas, series, teatro, novelas, música y los medios de comunicación masivos. Contamos con infinitas representaciones de mujeres con hijos. Lo que predomina es una caracterización positiva, que nos presenta una visión idealizada de la maternidad. Por supuesto existen otras historias, de ficción y reales, que van a contrapelo de esta versión edulcorada de las mujeres-madre, pero, por regla general, no forman parte de la corriente dominante. Sin embargo, sea que nos ofrezcan una visión positiva, sea que nos presenten una versión negativa, la maternidad es un tema recurrente en la representación cultural. Las mujeres que son madres cuentan con miles de historias con las que pueden sentirse fácilmente identificadas.

¿Qué referencias tenemos, en cambio, de mujeres que no hayan sido madres? Su cantidad es notablemente inferior, algo que no debiera sorprendernos, después de haber repasado, en el capítulo anterior, las creencias en torno a la no maternidad y el arraigo de la idea de que, como decía Simone de Beauvoir en su obra *El segundo sexo*, «Serás madre o no serás nada». ¿Cómo sentirnos representadas si la cultura dominante nos invisibiliza? Es difícil no sentirse «rara» si no hay modelos ni referentes.

Históricamente, las infrecuentes representaciones de mujeres sin hijos —por circunstancias o por decisión— desempeñan «papeles» caracterizados por la amargura, la soledad, la tristeza, el victimismo. Son asociadas con estereotipos negativos. Se las describe también como mujeres egoístas, frías, desalmadas, incluso «locas».

En tiempos más recientes existe una creciente tendencia a abordar la infertilidad en series y películas; sin embargo, aún resulta desafiante encontrar referencias donde la mujer protagonista no termine convirtiéndose en madre. En la gran mayoría de las series, películas y libros que tratan sobre la imposibilidad de tener hijos, la historia suele concluir con el «final feliz»: ese bebé esperado, como en la película *Qué esperar cuando estás esperando* o en la serie *Amigos de la universidad*, por mencionar dos ejemplos. Estos desenlaces parecen una concesión al marketing, que hace primar el criterio de lo que vende, y una reafirmación de los clichés asociados a la maternidad. Aunque empiezan a aparecer algunas películas que se apartan de los tópicos y tratan el tema con una nueva mirada, como *Vida privada* (2018) y *Only You* (2018).

Nadie narra historias como las nuestras y, las escasas veces que sucede, estas narrativas son predominantemente negativas. En el mundo cultural, la mujer sin hijos por circunstancias parece no existir; somos prácticamente invisibles. Cuando se hace mención de nosotras, la caracterización que se nos atribuye es simplista y estigmatizante. Necesitamos contar historias que reflejen la diversidad de experiencias y elecciones de las mujeres, incluidas aquellas que optan por no ser madres o que no pueden serlo, representaciones que desafíen los estereotipos.

Voy a poner un pequeño ejemplo del rol que juegan las representaciones culturales. Hace un tiempo escuché a una *influencer* que compartió en Instagram cómo durante años se había sentido acomplejada por tener los pechos pequeños. Destacó lo importante que fue para ella ver una serie en que la protagonista, representada por una actriz a quien admiraba mucho, era una mujer de pechos pequeños, como los suyos. Esta mujer aceptaba su cuerpo y lo mostraba públicamente. El mensaje que esta *influencer* recibía es que todos los cuerpos son bellos, que todos los pechos son bellos, que está bien tener los pechos pequeños, de la misma forma que está bien tenerlos grandes.

Durante mi proceso de búsqueda de ser madre, cuando la imposibilidad de lograrlo me atormentaba, a mí me hubiese ayudado ver una película o una serie en la que la protagonista hubiera vivido una historia similar, contada no desde el miedo ni los prejuicios. Una historia que hablara de éxito, no de fracaso. De aceptación. De cómo se puede seguir adelante, sin quedarse estancada por lo que no pudo ser.

Mi deseo es que se produzca un cambio, que podamos ver, en nuestras pantallas, alguna historia con la que podamos sentirnos identificadas. Aunque mi contribución personal no alcance el impacto de los medios de comunicación masivos, he decidido visibilizar mi historia en las redes sociales, hablar abiertamente al respecto, porque he comprendido la importancia y la necesidad de contar con referentes.

Visibilizar la no maternidad por circunstancias en las redes sociales

Antes de que las mujeres que no hemos podido ser madres comenzáramos a visibilizar nuestras historias de manera pública —todavía somos muy pocas las que lo hacemos sin ocultar nuestra identidad—, la opinión colectiva sobre nosotras era la de mujeres a medio camino de realizarse. Nos veían como mujeres destinadas a vivir una existencia triste por no haber podido ejercer la maternidad, mujeres amargadas, envidiosas, «raras». Mi vida, que es la de una mujer sin hijos por circunstancias, no responde a esa caracterización, aunque confieso que hubo un tiempo en el que yo también creí que así sería.

Esta ha sido una fuerte motivación para emprender la labor de visibilizar mi historia y mi vida, con la que estoy muy comprometida. Lo hago mostrando mi identidad, porque no tengo nada de lo que avergonzarme. Me siento muy orgullosa de todo mi proceso.

Es una tarea que tiene distintas finalidades. Una de ellas es inspirar a otras mujeres a compartir sus propias historias, con la esperanza de generar, entre todas, un cambio en la percepción social hacia aquellas que no hemos podido tener hijos. El objetivo es romper este tabú, o al menos, debilitarlo. No solo porque merecemos ser vistas y reconocidas, sino porque las mujeres que vienen detrás necesitan tener referentes, tal como los necesitas tú o los necesité yo en su momento. En este sentido, las redes sociales no solo pueden ayudar, sino que son un excelente lugar para encontrarlos.

Necesitamos referentes reales, mujeres de carne y hueso que tengan vidas con las que nos podamos identificar. Claro, podemos mencionar a famosas que no son madres y que vienen rápidamente a la mente cuando hablamos de esto, pero sus vidas son diferentes a las nuestras. Son figuras muy mediáticas, con vidas poco convencionales, por así decirlo.

Algunos ejemplos son Jennifer Aniston, Oprah Winfrey, Maribel Verdú, Dolly Parton, Renée Zellweger, Audrey Tautou o Gloria Steinem. Esta última, periodista, escritora e icono del feminismo, afirma: «No todo el que tenga un útero tiene que tener un hijo, así como no todo el que tenga cuerdas vocales tiene que ser cantante de ópera».

El caso de Jennifer Aniston merece una reflexión aparte. Durante décadas ha sido víctima de la presión social. La han perseguido y presionado hasta el hartazgo con preguntas sobre su no maternidad, que ella respondía o evitaba como mejor podía. Pero en noviembre de 2022, en una entrevista para la revista *Allure*, decidió compartir su historia. Reveló que había intentado ser madre durante años, que se sometió a diversos tratamientos, que lo probó todo y que no pudo serlo.

Este fue un anuncio muy bien recibido por la comunidad de mujeres sin hijos por circunstancias, porque no es lo mismo declarar públicamente que no quieres ser madre que decir que has intentado serlo y no has podido, con la conciencia de que todos los focos están puestos sobre ti. Es una suerte de confesión envuelta en un tabú enorme. Creo firmemente que solo nosotras podemos derribarlo.

¿Cómo? Mostrándonos. Publicándolo. Diciéndolo. ¡Gritándolo!

Pero cuidado: implica una gran exposición. Por eso no es aconsejable hacerlo si no estás preparada, si no te sientes fuerte. Contar con una red de apoyo a la que recurrir en caso de necesidad también es muy importante.

Contar nuestra historia, especialmente si va en contra de los estereotipos o lo socialmente aceptado, puede convertirte en el blanco de personas que proyectan su rabia, su envidia, su frustración, su enfado en nosotras o en nuestras palabras. Recuerdo la primera vez que hablé sobre mi no maternidad en redes sociales. Una mujer comentó: «Si al final no fuiste madre, es porque no lo intentaste todo». Aunque me sentía segura y confiada, este comentario me afectó. Durante unos días reflexioné sobre si debía o no responder. Finalmente, opté por no hacerlo. Fue una experiencia muy valiosa. Aprendí que pretender que mi mensaje sea escuchado sin juicio no es algo que dependa de mí. Es una lección que tengo presente siempre que publico algo en las redes sociales.

En otra ocasión, compartí algunos consejos sobre cómo anunciar un embarazo a alguien que está enfrentando dificultades para tener hijos, y sobre si es conveniente o no hacerlo. Esa publicación generó numerosos comentarios de mujeres que decían que cada una anuncia su embarazo como le da la gana y cosas por el estilo. Mi intención era mostrar que hay formas más empáticas que otras de anunciar un embarazo a personas que están teniendo dificultades reproductivas, pero algunas personas no interpretaron mi mensaje de esa manera.

En cada cosa que comparto públicamente soy consciente del riesgo de ser malinterpretada o juzgada, pero es un riesgo que estoy dispuesta a asumir. Esto se debe a que también recibo mucho amor, y he experimentado, especialmente al principio, la comprensión y el apoyo que personas que no conozco o conozco solo virtualmente pueden brindar. Este respaldo ha sido, en muchos casos, mayor que el de personas con las que me relacionaba diariamente.

Todas nuestras historias son necesarias porque son únicas. La no maternidad se experimenta a través de diferentes caminos, y cada uno de ellos merece ser reconocido. Famosas o no, todas podemos ser referentes. De hecho, ya lo somos. Mujeres como Gloria Labay, Emi de la Llave, Marian Cisterna, Cristina López del Burgo, Flora, Ángeles Medina, Adriana Castro, Graciela Pardo, Norma Isern, Ana Barrera, todas ellas mujeres sin hijos por circunstancias, dedican una parte de sus vidas a visibilizar en las redes sociales, desde sus experiencias y perspectivas, la infertilidad, el duelo de la no maternidad y cómo es la vida de una mujer que no fue madre después de intentarlo.

Espero que esta lista, que seguro es más extensa, siga creciendo. Siempre ha habido y seguirá habiendo mujeres sin hijos por circunstancias. La diferencia entre antes y ahora es que hoy contamos con más plataformas en donde alzar la voz, tenemos más capacidad para encontrarnos y trabajar juntas para cambiar la percepción social que se tiene sobre nosotras. Sueño con el día en que ser una mujer sin hijos por circunstancias esté tan normalizado que no sea necesario hacer esta labor de divulgación. Mientras tanto, aquí estoy: Soy Mir, ¡quise ser madre y no pude serlo!

8

El duelo por la no maternidad

Qué es y en qué se diferencia de otros duelos

He decidido abordar el tema del duelo casi al final del libro porque creo que el recorrido previo nos proporciona un contexto y una base para comprender con mayor profundidad la importancia y especificidad del proceso de duelo por la no maternidad. Cuando hablamos de duelo nos referimos al proceso de adaptación a una nueva realidad después de sufrir una pérdida. El duelo es parte intrínseca de la vida, es parte de la experiencia humana. Todos sin excepción nos enfrentaremos, más tarde o más temprano, a distintos tipos de pérdidas, como la muerte de un ser querido, la finalización de una relación, la pérdida de un trabajo, o incluso la renuncia a un proyecto o sueño importante. La duración y la intensidad del duelo pueden depender de factores individuales —carácter, herramientas para gestionar las emociones—, factores sociales —red de contención—, del tipo de vínculo que teníamos con aquello que se pierde, etc. El proceso de duelo no sigue un patrón universal y puede variar considerablemente de una persona a otra.

Se suele pensar en el duelo como una manifestación de dolor, pero el duelo también es una expresión del amor, ya que implica una conexión profunda con lo que se ha perdido.

Los duelos pueden afectarnos a varios niveles: corporal, emocional, mental y relacional. La sintomatología asociada al duelo es amplia y puede variar mucho de persona a persona. Los síntomas más comunes pueden incluir: tristeza, irritabilidad, enojo, cambio en los patrones de sueño, falta de apetito, fatiga, sentimientos de culpa o remordimiento, ansiedad, nostalgia, aislamiento social. El duelo puede afectar la relación que tenemos con los demás, pero también la que tenemos con nosotras mismas. A veces se siente como una ruptura con una parte nuestra.

Aunque pueda resultar desagradable, el duelo es un proceso natural y saludable cuya función es ayudar a las personas a procesar y expresar sus emociones en relación a la pérdida que han sufrido, adaptarse a su nueva realidad, integrar la pérdida en sus vidas y encontrar un nuevo equilibrio. Por eso, transitar el duelo de manera consciente sin negarlo es algo fundamental.

Una de las características distintivas del duelo por la no maternidad es su falta de reconocimiento social. Es un duelo del que no se habla. Un duelo desautorizado, deslegitimizado. ¿Cómo nos va a doler algo que no ha existido, que no hemos tenido? Socialmente, se entiende, se apoya y se acompaña, por ejemplo, la pérdida de un ser querido. Pero a los proyectos de vida, como el ser madre, se les resta valor. Por eso, muchas mujeres creen que no tienen derecho a sentir su pérdida, viven su duelo con vergüenza y a escondidas, se sienten solas y piensan que no pueden pedir y/o recibir ayuda aunque la necesiten. Esto las expone al riesgo de que su duelo se alargue o se haga crónico.

El duelo de la no maternidad se siente, muchas veces, como un duelo anticipado: para muchas mujeres que han estado intentando ser madres durante años, el duelo no comienza con la decisión consciente de dejar de intentarlo, sino mucho antes. Y es lógico que así sea, porque el viaje a la no maternidad está marcado por intentos que no han tenido éxito, incluyendo pérdidas gestacionales, si las hubo, tratamientos de reproducción asistida fallidos, etc.

De todas maneras, es importante saber que existen algunas etapas del duelo por la no maternidad que no se experimentan plenamente hasta que se tiene la certeza de que no seremos madres. Este hecho debe ser tenido en cuenta y respetado, ya que la naturaleza del duelo puede evolucionar a medida que se avanza en este viaje hacia la no maternidad.

Hay mujeres a las que les cuesta mucho aceptar que no serán madres. Les cuesta conectar con el dolor que las ayudará a sanar y lo niegan o postergan durante mucho tiempo. Esto sucede, en parte, porque social y culturalmente nos han enseñado a tenerle miedo al dolor. No hemos sido acompañadas en el dolor y nos da mucho miedo dejarnos atravesar por él. En cierto modo es lógico, porque no es agradable. Pero solo aceptando y sintiendo el dolor encontraremos la manera de seguir adelante. Evitar el dolor no es la solución. Pero para entregarse a él hay personas que tal vez necesitarán acompañamiento. El dolor bien gestionado —aceptado— moviliza el cambio. Es completamente sano y natural. Si lo evitamos, si no nos permitimos sentirlo, nos bloqueamos y no podemos gestionar la situación ante la que estamos.

Como mencionaba al principio, los procesos de duelo son extremadamente personales. Cada mujer los transita a su manera y no hay una fórmula única que se aplique a todas. Por esta razón, carece de sentido predecir cómo se desarrollará el proceso o cuánto tiempo demandará. Insisto en este punto con el propósito de que no minimices la importancia de tu duelo, para que comprendas que no hay normas sobre cómo vivirlo, para que no te sientas tan sola y para que sepas que es completamente natural lo que sientes por haber perdido este proyecto de vida.

Llega un momento clave en el proceso del duelo en el que es necesario también reconectar con las ganas de seguir adelante y explorar otras emociones más allá de la tristeza, la rabia o la culpa. Permanecer anclado únicamente en el dolor puede contribuir a que el duelo se haga crónico. Este duelo, como cualquier otro y más allá de sus singularidades, se puede integrar a la propia vida para seguir adelante.

Date permiso para descubrir qué te hace bien: con qué personas te sientes a gusto, qué actividades te proporcionan placer, tranquilidad, bienestar, paz. No haber podido ser madre no tiene que doler siempre. Un día, te lo aseguro, volverás a ilusionarte y a confiar en la vida.

Vivir este duelo de una forma saludable es esencial. Si sientes que las emociones de culpa, rabia y tristeza no van perdiendo intensidad o te encuentras en un punto en el que no puedes avanzar con tu vida y te has aislado, te animo a que pidas ayuda profesional. La terapia, además de ofrecerte herramientas para aprender a gestionar tus emociones, puede servirte como un espacio de crecimiento personal, de autoconocimiento.

Es mi deseo que todas las mujeres y/o parejas que atraviesen un duelo como este tengan acceso a un acompañamiento profesional. Espero sinceramente que encuentren la asistencia psicológica que pueda brindarles el apoyo necesario. Considero que la forma en que se aborda este duelo es fundamental para poder avanzar hacia una vida que quizá no esperabas, pero que puede ser maravillosa también.

Cómo integrar el duelo

Quiero destacar dos puntos importantes a la hora de entender el proceso del duelo. La primera es que un duelo no se supera, como se cree y se dice erróneamente. Es un proceso que se transita, se vive, se elabora y que se integra, es decir, pasa a formar parte de ti y de tu historia. La segunda es que el duelo no es un obstáculo, problema o dificultad que vencer. Es por eso que hablar de «superación», como si fuese algo que se deja atrás, que se archiva, no me parece adecuado. El duelo es un proceso necesario y saludable ante las pérdidas que experimentamos para poder seguir adelante con nuestras vidas. Es totalmente natural y normal que se active.

No se trata, entonces, de olvidar que durante un tiempo de tu vida quisiste ser madre, lo intentaras o no. Ni de olvidar las pérdidas gestacionales, si las tuviste durante tu búsqueda de ser madre. No puedes olvidar el tiempo, el esfuerzo, las pruebas, las dificultades y tampoco todo el amor que pusiste en ello. No se puede borrar de golpe esta historia solo porque el proceso no acabó como esperabas. No puedes y no debes. Todo esto forma parte de ti.

Me gusta pensar en el duelo como una herida que va cicatrizando paulatinamente, con trabajo y amor. Las cicatrices no desaparecen. Tal vez aún sea visible aquella que te recuerda la vez que te caíste del columpio y te abriste la barbilla. Lo que sana es la herida. Es por eso que el dolor de no haber podido ser madre no es algo que duela para siempre. Aun cuando haya momentos, cosas, que te hagan sentir de tanto en tanto la presencia de esa cicatriz.

Cuando algo roce tu herida y te la recuerde, dale espacio, siéntela en el cuerpo, observa qué sientes, sin juicos. Esto no es sencillo, por supuesto. Es común que se activen fácilmente pensamientos del tipo «Ya debería estar mejor», «No es normal que hoy haya sentido dolor, después de tanto tiempo», «Esto nunca dejará de dolerme», etc. Ten paciencia y una actitud compasiva hacia ti misma.

¿Cómo puedes saber si tu herida está abierta o ha cicatrizado? Lo sabes de la misma manera que cuando cae sal en una herida: si está cerrada, no escuece. Está ahí, te puede traer recuerdos, pero no te impide vivir.

Si has experimentado la pérdida de un ser querido y la has integrado, seguramente te parecerá normal tener algún momento de tristeza. Por ejemplo, cuando veo comedias románticas de los años 60 o cuando escucho a Charles Aznavour, me acuerdo de mi padre, conecto con la melancolía y siento que lo echo mucho de menos. A veces la emoción trae también lágrimas. Pero después sigo con mi vida.

A medida que la herida sana, los momentos puntuales de tristeza, de rabia, de envidia, etc., se van espaciando cada vez más en el tiempo. Incluso es posible que este dolor tome otra forma. Como decía antes, en el duelo hay amor. Integrarlo puede transformar el dolor en amor.

La integración del duelo requiere trabajo personal y apoyo social. Este último se echa muy en falta en una sociedad que desconoce, minimiza o reprueba el duelo por la no maternidad. Es paradójico que se nos diga, por un lado, que seremos desgraciadas toda la vida si no conseguimos ser madres, y por otro, que no se legitime este dolor. No hagas tú lo mismo. Date permiso para transitar el duelo de la forma en que lo necesites, para dejar que todo eso se vaya integrando y deje de ocupar tanto espacio en tu vida. Ningún duelo dura eternamente. ¿Por qué existe la creencia de que este sí?

Hemos comentado en este libro lo necesario que es el acompañamiento. Si en tu entorno más próximo —familiares, amigos, etc.— no encuentras el apoyo que necesitas, busca espacios que te lo brinden: grupos de apoyo, profesionales de la salud mental y emocional, mujeres que hayan vivido una experiencia similar a la tuya. Hoy disponemos de mucha más información que antes sobre estos temas.

No tienes por qué vivir el proceso del duelo sola. Es muy sanador poder hablar con otras personas de lo que te ha pasado, que puedas expresar tus emociones y tus miedos, que puedas compartir esta experiencia, sentirte comprendida y, sobre todo, no juzgada. Hay muchas personas dispuestas a acompañar y a escuchar. Ojalá la vida las ponga en tu camino.

9

Testimonios

Todas las experiencias son valiosas y, en esta última sección del libro, me gustaría compartir las vivencias de tres mujeres a quienes quiero y admiro profundamente. Son historias que me parecen enriquecedoras y relevantes para las lectoras de este libro: tanto para las mujeres que están intentando ser madres, como para las que están viviendo la no maternidad de alguna hermana o amiga querida y precisan una guía para poder acompañarlas, como, por supuesto, para las mujeres que no han podido ser madres. El primer testimonio pertenece a Sandra, una compañera de formación Gestalt y amiga. Después de varios años de intentos para ser madre, finalmente pudo tener a su hija mediante diversos tratamientos de reproducción asistida.

El segundo testimonio es de mi hermana Elisabet. Durante el tiempo en que yo atravesaba las dolorosas pérdidas gestacionales y transitaba el duelo por mi no maternidad, ella vivió su propia experiencia de búsqueda de maternidad, embarazos, partos y la crianza de sus hijos.

El tercer testimonio pertenece a Mamen, una de las maravillosas mujeres de nuestro círculo «Aceptando la no maternidad». Mamen emprendió el camino de la búsqueda de ser madre, tanto de forma biológica —de manera natural, al principio, y luego recurriendo a tratamientos de reproducción asistida—, como mediante la vía de la adopción. Gracias a ellas de todo corazón por su generosidad.

La historia de Sandra

Recuerdo que de pequeña con mis amigas compartíamos un juego en el que escribíamos en un papel cosas que queríamos conseguir cuando fuéramos mayores. Yo lo tenía claro: una de ellas era ser madre. Durante mucho tiempo pensé que se daría de forma natural, cuando llegara el momento adecuado. Pero la vida me llevó por otros caminos.

Para mí era importante ser madre con la persona adecuada, que llegó a mi vida a los veintisiete años. Tras unos años de estabilidad, decidimos intentarlo. Pasaron los primeros seis meses. Aquello que nuestras abuelas pensaban, que tan solo con un roce se podían quedar embarazadas, no parecía ser tan cierto, después de todo. Sin embargo, al principio me decía a mí misma: «Es lo normal, tranquila, ya llegará».

Los meses fueron pasando. Cada 28 días llegaba una nueva menstruación, que me dejaba completamente frustrada. Entonces empecé a recibir los primeros comentarios del entorno. Aunque se daban con buena intención, no hacían más que agudizar mi tristeza: «¿Qué, ya estás embarazada?»; «No pienses»; «Seguro que tú misma te bloqueas con tus ansias de quedarte». Ni que decir tiene que esto añadía más presión a nuestra búsqueda de ser padres.

Después de un año de intentos sin éxito, decidimos consultar a médicos especializados para investigar las posibles razones de la dificultad para lograr un embarazo. Inicialmente recurrimos a medicamentos naturales que en nuestro caso no fueron efectivos. A estas alturas, el desgaste emocional era muy grande y la relación de pareja se vio afectada con sentimientos de inseguridad, desilusión, apatía. Ya no recordábamos lo que era tener relaciones sexuales por placer. El siguiente paso fue consultar con una clínica privada especializada en fertilidad. No todos pueden acceder al servicio público que ofrece tratamientos de fertilidad de forma gratuita. Por diversas circunstancias, mi pareja y no nos vimos en la necesidad de recurrir a la fertilidad asistida cuando yo contaba con treinta y cuatro años. Sin embargo, el sistema público nos denegó el acceso, argumentando más de cinco años de espera y considerando que, a esa edad, las posibilidades de éxito eran muy bajas. Nos enfrentamos entonces a la decisión de costear el tratamiento por nuestra cuenta o dejar de perseguir este sueño.

En la clínica de fertilidad nos hablaron de un sinfín de causas por las que una pareja no puede concebir y algunas soluciones posibles, todas con precios desorbitados. La forma en que nos comunicaron la información fue fría y aterradora, haciendo hincapié en estadísticas y porcentajes, como si estuviéramos participando en una lotería, donde las posibilidades de perder son muy altas, y las de ganar, mínimas. En momentos así te sientes una cifra. La clínica prioriza alcanzar el éxito para mejorar sus estadísticas y competir con otras instituciones de fertilidad.

Nos asaltaron muchas preguntas: ¿por qué nos está pasando esto a nosotros?; ¿podremos llegar a concretar el sueño de ser padres?; ¿tendremos todo el dinero necesario para llevarlo a cabo?; ¿podremos soportarlo a nivel emocionalsi no lo conseguimos?; ¿tendremos la capacidad de asumir la realidad cuando nos digan de quién es el problema?; ¿cómo nos afectará como pareja?

La clínica parecía una máquina de hacer dinero en la que nadie parecía muy interesado en tu estado emocional. No recibimos ningún tipo de contención. Muchas instituciones han convertido las dificultades reproductivas a las que se enfrentan cada vez más parejas en un negocio. Lo que les interesa es hacer dinero.

Para nosotros, el dinero se convirtió en un medio de alcanzar nuestro sueño de ser padres, costara lo que costara. Hicimos grandes sacrificios. Nuestra vida social se vio muy afectada. Ahorrábamos el máximo de dinero para invertirlo en nuestro proyecto de ser padres.

En la primera clínica de fertilidad me sometí a numerosas pruebas, algunas muy dolorosas. A mi marido, en cambio, apenas lo examinaron. Con el tiempo me di cuenta de la injusticia que esto representaba, y de la mentalidad patriarcal del médico que nos asesoraba y en quien confiábamos plenamente por su experiencia.

Pasamos por tres intentos de IA (inseminaciones artificiales) y un intento de FIV (fecundación in vitro), todos sin éxito, incluida la pérdida de dos embriones fecundados. Para mí, representó la pérdida de dos hijos creados con amor que no sobrevivieron; para la clínica, en cambio, fueron cuatro intentos fallidos que no contribuyeron a sus tan preciadas estadísticas. «Es lo habitual —nos dijeron—. Quizá en otro intento más lo conseguiréis».

Fueron años de sufrimiento, de un gran desgaste físico y emocional, de mucho sacrificio. Ya no podía más. Mi cuerpo imploraba a gritos «Para». Un día hablé con mi marido y le confesé que no quería continuar intentándolo. Me sentía como un conejo de laboratorio, donde todo estaba permitido a costa de ser padres, incluso si eso implicaba poner en riesgo mi salud. Tomar esa decisión fue increíblemente doloroso: renunciaba a mi mayor deseo, pero al mismo tiempo finalmente escuchaba el mensaje de mi cuerpo, que llevaba tiempo advirtiéndome que no podíamos seguir más por ese camino.

En ese momento comprendí que necesitaba ayuda para aceptar esta decisión, tiempo para buscarle sentido a todo lo que había sucedido y serenidad para ver con mayor claridad nuestro camino futuro como pareja. Buscamos, pues, apoyo profesional. La terapeuta hizo esa pregunta aterradora que tanto temíamos: «¿Qué pasa si no llegáis a ser padres nunca?». Esto nos permitió darnos cuenta de que mi pareja y yo habíamos vivido el proceso de una manera muy distinta.

Al mes nos planteamos la idea de la adopción. Decidimos informarnos en el Instituto Catalán de la Acogida y de la Adopción (ICAA). No olvidaré nunca el sentimiento de sorpresa, rabia y decepción cuando nos comunicaron que en España solo se podía iniciar el proceso de adopción en la comunidad autónoma a la que uno pertenecía, pero que en ese momento estaban todas paralizadas. Había una lista de espera de tres años, y funcionarios insuficientes para llevar adelante todo el proceso, de modo que no te podías inscribir. Quedaba la adopción internacional, pero también era un proceso lento, complicado y muy costoso. Conocer aquella realidad nos sumió en una enorme tristeza, a la que se sumaba constatar que nuestro sueño había llegado a su fin.

Pasó el tiempo. Nos permitimos reencontrarnos como pareja, conectar con aquello que nos hizo enamorarnos y disfrutar de nuevo de la relación por placer. Al cabo de un año y medio, surgió la idea de volver a intentarlo una última vez.

Como ya contábamos con cierta experiencia, nos informamos detalladamente sobre distintos centros de fertilidad, y buscamos otro médico, hasta dar con uno que nos dio confianza. Tras revisar nuestro historial, este doctor solicitó pruebas distintas, y muchas a mi marido. En poco tiempo encontró un tratamiento que nos daría más probabilidades de éxito.

Yo tenía treinta y ocho años ya. La opción de la donación de óvulos y espermatozoides más jóvenes sin duda nos daría mayores probabilidades de éxito, pero tras mucha reflexión y de común acuerdo, declinamos aquella vía. Éramos conscientes de lo que esto significaba.

Tras el proceso de estimulación ovárica, conseguí solo un folículo de buena calidad. Decidimos arriesgar el todo por el todo. Al poco tiempo nos informaron de que, rompiendo con todas las estadísticas, habíamos conseguido un embrión de calidad 9 sobre 10 y el positivo tan deseado.

Me emociona recordarlo y compartirlo. Para nosotros fue un auténtico milagro. Hoy tenemos una hija preciosa. Dos años y medio después de su nacimiento, llegó el segundo milagro. Quedé embarazada de forma natural, aunque ese angelito solo vivió unos meses, porque sufrí un aborto. Algunas personas piensan que solo tuve una hija. Con mi marido, creemos que tuvimos cuatro hijos.

Como pareja, hemos conseguido sobrevivir a todo este proceso, pero fue tan duro que en alguna ocasión nos planteamos la separación. También quiero destacar que me quedaron importantes secuelas físicas. Desarrollé hipotiroidismo debido a la extensa exposición a dosis de medicación durante los intentos por quedarme embarazada. Esto afectó gravemente a mi tiroides, y me generó problemas adicionales. Asimismo, he llegado a la menopausia mucho antes de lo esperado. Las secuelas de los tratamientos de fertilidad no se abordan abiertamente. Las clínicas deberían proporcionar información completa para que podamos tomar decisiones de manera consciente sobre nuestra salud y bienestar.

En la actualidad, motivada por esta experiencia, acompaño a mujeres y a parejas en situaciones similares, con el objetivo de transmitirles esperanza. Mi principal mensaje es hacerles saber que no están solos y que es posible transformar el dolor en amor.

La historia de Elisabet

Cuando decidí emprender la búsqueda de ser madre, me invadieron los miedos. En un principio, el temor de no poder quedarme embarazada, de no obtener un resultado positivo. Después el miedo a cómo contárselo a mi hermana. En ese momento, Mir y su pareja habían decidido dejar la búsqueda activa de embarazo y sentía que ella estaba mucho más tranquila y relajada. De todos modos, aunque nunca habíamos hablado abiertamente del tema, era consciente del dolor que le causaría tanto el anuncio de un embarazo como la simple búsqueda de uno.

Siempre habíamos compartido todos los aspectos importantes de nuestras vidas. No quería que esta experiencia fuera la excepción. Recuerdo los nervios, la falta de comodidad y de alegría cuando le conté que iniciaba este camino. A pesar de todo, creía que contárselo era lo correcto.

A los seis meses me quedé embarazada de mi primera hija. Recuerdo la mezcla de felicidad y tristeza. La noticia afectaría a Mir, pero intuía que también se alegraría. No fue necesario decírselo, ella misma se dio cuenta al día siguiente de hacerme la prueba, cuando nos encontramos para una cena familiar y no bebí alcohol. Me lo preguntó el día después, y le dije la verdad. Había una parte de mí que sentía que la estaba traicionando, que estaba haciendo algo que le causaría dolor. Esto se mezclaba, además, con el miedo a perder a mi hija, lo que me dificultaba vivir este acontecimiento como un sueño que se hace realidad.

¿Por qué mi embarazo seguía adelante y el suyo no? ¿Por qué, si éramos tan parecidas? Siempre lo habíamos compartido todo, ¿por qué no podía ser así también con nuestros proyectos de ser madre? Hablamos muchísimo. Lloramos juntas. Nos escuchamos. Ella me acompañó como nadie durante todo el embarazo, apoyándome en todas las pruebas y estando a mi lado.

Cuando nació Mara, también estuvo presente a pesar de vivir a más de mil kilómetros. Vino a verme dos semanas antes de la fecha prevista del parto. Sin duda, Mara quería que estuviera ahí, y fue el mejor regalo que podía recibir. Su presencia me hizo sentir en casa, y saber que estaba allí me ayudó a transitar el parto. Aunque ese día el miedo era abrumador, volví a preguntarme por qué yo sí y ella no. Sentía felicidad, pero también mucha tristeza e injusticia.

El posparto de Mara lo viví con el constante apoyo de Mir. Al mirar hacia atrás, solo puedo agradecerle tanta compañía. A menudo se dice que las madres necesitan a otras madres para acompañarse, y es cierto. Pero también creo que las madres necesitamos a nuestras personas más queridas y cercanas para sostenernos y acompañarnos en momentos como este, algo de lo que se habla poco.

Cuando decidí buscar mi segundo embarazo, la situación de Mir era diferente. Durante esos dos años había renacido en ella el deseo de ser madre, pero también había tenido que despedir a sus últimos dos bebés. Siempre sentí una profunda injusticia y dolor por ella. La noticia de mi embarazo coincidió con su tratamiento de fecundación in vitro. Mi deseo era compartir este proceso con ella, no por el hecho de compartirlo en sí, sino por ella. El embarazo de Marcel llegó siete meses después, y darle la noticia a Mir no fue tan difícil como la primera vez. A medida que avanzaba mi embarazo y su tratamiento no mostraba resultados positivos, me preparé para que las cosas no fueran como esperaba.

La llegada de Marcel coincidió con la noticia de que Mir y Jonàs ya no buscarían otro embarazo. El día del nacimiento de mi segundo hijo fue especialmente duro para las dos. Percibía que mi felicidad le causaba tristeza, y aunque sabía que era una emoción natural, que iría desapareciendo, de todas maneras me sentía una mala hermana. También me sentía mal por no poder expresar mi alegría con ella. Con el tiempo, estos sentimientos desaparecieron.

Estos años nos han permitido repensar nuestra relación de una manera activa y tomar conciencia de qué compartir y qué no en función de las necesidades de cada una. Hemos tenido que reajustar las piezas. No se trata de no compartir la felicidad, sino de respetar los sentimientos de la otra persona, de no causar daño, de prestar atención a cómo no hacerlo.

Mi hermana siempre ha sido mi mejor compañera en la maternidad y en la vida. Ahora, juntas, acompañamos a otras mujeres.

La historia de Mamen

Érase una vez una niña que soñaba con ser madre. Una mujer que no lo fue. Fin del cuento y principio de un duro camino de aceptación que hoy miro con cierta calma y hasta agradezco tímidamente.

Me llamo Mamen y tengo cuarenta y ocho años en el momento de escribir este testimonio. Soy esposa, hija, sobrina, prima, hermana y tía. Fui nieta también. Pero no soy madre, algo que según una opinión y sentir muy extendidos, da sentido a la vida de cualquier mujer, como si todo lo demás no valiera la pena.

De pequeña jugaba con mis muñecas y cacharritos de cocina a ser una mamá, preparando la comida, vistiéndolas, acunándolas. Las sacaba de paseo junto a mis amigas. Entre risas y juegos, compartíamos la lectura de cuentos de princesas que comían perdices en el menú de su boda. Finales felices con los que soñar despierta. Imitábamos lo que veíamos en casa en una época en la que la mujer estaba empezando a romper estereotipos y techos de cristal que, muchos años después, aún se nos resisten. Nos preparábamos para ser supermujeres: esposas fieles, madres devotas y profesionales perfectas.

Tenía muy claros cuáles eran los pasos en la vida: estudiar, tener un novio, trabajar, casarme, tener hijos, criarlos, casarlos, ser abuela y, al final, descansar. Era lo que se esperaba de mí y lo que yo esperaba de la vida. No parecía difícil y solo exigía perseverar.

Al principio seguí los pasos del guion. Me licencié en Derecho, conocí al hombre de mi vida, llegó la boda tras un largo noviazgo y empecé a trabajar con aprobado de oposiciones incluido. Fue en el capítulo de «formar familia» que las cosas no salieron como estaban indicadas en el libreto y me tocó improvisar.

David y yo nos casamos en 2005. Decidimos retrasar durante un año la puesta en marcha de la ampliación familiar para disfrutar un tiempo de la nueva vida en común. Confiábamos, con cierta ingenuidad, en que éramos nosotros quienes controlábamos la naturaleza y el tiempo, y no al revés. Lección aprendida.

En el verano del 2006 emprendimos el camino en busca de la felicidad que nos darían nuestros hijos, según se promete socialmente, pero empezaron a pasar las semanas y los meses sin que tuviéramos las buenas nuevas.

«Las cosas no siempre llegan cuando se quieren» fue la respuesta que le di a un conocido cuando preguntó que para cuándo íbamos a ser padres. No fue el primero en preguntar, pero sí el primero al que contesté con cierta tensión. Las preguntas, la presión del entorno, familia y amigos, habían empezado antes, y no conseguir el ansiado embarazo era algo que me preocupaba y comenzó a obsesionarme. Desde el punto de vista médico, nada impedía quedarme embarazada, pero no lo conseguía.

Para entonces, los embarazos y nacimientos ajenos, los de mis primas, amigas y conocidas, ya se habían convertido en acontecimientos traumáticos que terminaban con llantos de envidia, rabia, impotencia y desconsuelo. ¿Por qué ellas sí y yo no? He ahí la pregunta del millón, la que abre la caja de Pandora del dolor de toda mujer que quiere y no puede ser madre. Porque no siempre que se quiere se puede. Nueva lección. Habíamos descartado recurrir a métodos de reproducción asistida por convicciones religiosas y morales. Mi marido, con gran sentido práctico y resiliencia, me planteó la opción de adoptar. Más que dolerle su no paternidad, hecho que no podía ignorar (ellos también tienen corazón), se sentía impotente al verme sufrir a mí.

La adopción era una alternativa que ya había pasado por mi cabeza, pero no dije que sí de manera automática. El niño adoptado no sería mi hijo. No lo habría llevado en mi vientre. No lo habría parido. Suponía renunciar a una experiencia única que había idealizado y sacralizado en mi imaginación. Al final, terminé aceptando, mientras esperaba, en paralelo, que se produjese el milagro del biológico.

Cuando alguien te lanza la pregunta del «¿Por qué no adoptas?» lo hace desde el desconocimiento más absoluto. No sabes nada, es la respuesta que merece. Solo los «iniciados» conocen la complejidad y la dureza del proceso adoptivo: las esperas infinitas; la asepsia burocrática de un sistema que bajo el mantra «por el interés superior del menor» está más interesado en la provisionalidad de los acogimientos que en la perdurabilidad de las adopciones; la humillación de cursos alienantes y despersonalizadores; las entrevistas en las que te juzgan como persona y pareja, sin que hayas cometido ningún delito; los juicios de valor de las trabajadoras sociales que llevan la voz cantante. Y a esto se suma el miedo a que descubran algún desliz, a no gustarles, a decir algo que no conviene. Y te dejas tentar por la mentira. Y a veces, casi siempre, caes en la tentación.

En enero de 2010 registramos nuestra solicitud de adopción en un primer expediente internacional que nos llevó a poner las esperanzas en Colombia. Nos comentaron que no tardaríamos mucho en tener un menor asignado, dos o tres años, pero la realidad fue muy diferente. Las listas avanzaban con un movimiento progresivamente desacelerado.

En paralelo y frente a esa situación, iniciamos un segundo expediente de adopción autonómica. Habían abierto las listas de la comunidad autónoma en la que vivo para adoptar niños con necesidades especiales. Nos ofrecimos como posible familia para niños que tienen «difícil salida» en adopción. Los papeles entraron en 2012.

Superada la formación y las entrevistas, con todos los papeles en regla, sin más noticias, sin nada que hacer, la tristeza por el hecho de no ser madre se enquistó. Desesperada, me tragué el orgullo y mis principios y recurrí a una clínica de reproducción asistida, aun a sabiendas de que había jurado y perjurado que no lo haría. Me adelantaba al arrepentimiento futuro de no haberlo intentado, violentándome a mí misma por el bien de la causa. David accedió: «Si es eso lo que de verdad quieres». Y le dije que sí, que lo quería.

Durante un año me sometí a tres tratamientos FIV sin éxito alguno. Sentí que perdía mi dignidad con cada exploración ginecológica y con cada inyección de hormonas. Ningún tratamiento funcionó, por más pensamientos positivos y rezos que empleara. La naturaleza no me quería como madre. ¿Qué tenía yo de malo?

Aquellos meses coincidieron con movimientos en el expediente de adopción autonómica y la primera renovación de idoneidad en el internacional. Intentábamos mantenernos enteros para que no se descubriera nuestra secreta mentira de intentar ser padres biológicos recurriendo a la ciencia.

Pero yo me estaba hundiendo. Tras el último ciclo, que fue particularmente duro, nos ofrecieron la opción de ovodonación, alegando que mis óvulos estaban viejos, aunque no había cumplido aún los cuarenta. No quise seguir. David me apoyó. Había llegado a mi límite. Quería parar. Y paré. Yo lo empecé. Yo lo terminé. Lloré mucho. Sentía rabia e impotencia. Me odié. Me desprecié por no ser capaz de engendrar. Y, aunque el diagnóstico fue «infertilidad por causas desconocidas», quise cargar yo con la culpa, porque socialmente es lo habitual y porque era una forma extra de autocastigarme, como si fuera responsable de algo.

Con un mioma en lo físico y en lo mental, me sobrevino una depresión en el otoño de 2014. Buscamos ayuda psicológica para salir del pozo en que se había convertido mi vida. Empecé entonces a gestionar mi no maternidad aceptando que la biológica, salvo milagro, no llegaría nunca y que la adoptiva, al ritmo que íbamos, posiblemente tampoco.

Con esfuerzo, recuperé poco a poco el equilibrio y consideramos la opción de cerrar el capítulo adopción, único lazo que me ataba a un deseo insatisfecho del que me costaba desapegarme. Mis ojos aprendían a ver de otra manera mi vida, mi libertad, mi independencia, nuestra vida de pareja. Circunstancias, las de la no maternidad, que me permitían crecer como persona con la única condición de aceptarlas. No pintaba tan mal.

Las piezas empezaron a encajar, aunque seguía costándome aceptar con paz los anuncios de embarazos y nacimientos. Me sentía excluida, inmersa en la más absoluta de las soledades. Ni familia ni amigos se atrevían a preguntar cómo estábamos, cómo iban las cosas. Era un tabú. Difícil para ellos, lo entiendo. Triste para nosotros, que solo nos teníamos el uno al otro.

Llegó el año 2019. Tocaba renovar la idoneidad por tercera vez en internacional y por segunda vez en autonómica. Daba mucha pereza volver a pasar por lo mismo. Pero lo hablamos y nos prometimos que sería la última vez.

Y cuando menos lo esperábamos, poco antes de las entrevistas de renovación, se nos cita como candidatos a una posible asignación. Ese verano, el último prepandémico, nos subimos a una montaña rusa de emociones e incertidumbre: habían empezado las «contracciones». Fuimos seleccionados y finalmente elegidos para ser los futuros padres de una pareja de hermanos, niño y niña, de tres y dos años, respectivamente, que iríamos a buscar a una lejana región del norte. La distancia no importaba: ¡Por fin íbamos a ser papás!

Trece años de búsqueda, diez años de trámite. En octubre nos hicieron el ofrecimiento formal y nosotros dijimos sí. La locura se desencadenó. Las emociones se desbordaron y arrasaron con todo. Los años de espera, la contención de los últimos meses para evitar falsas expectativas, me pasaron factura en un momento inoportuno y me quebré.

Colgamos el teléfono y me senté en el suelo. No podía dejar de llorar, llena de dudas y de miedos por lo que se venía encima en pocas semanas. Me sentía superada. No sabía qué me estaba pasando. ¿Por qué no era capaz de sentir esa dicha infinita que había imaginado? ¡Había deseado tanto ser madre! ¡Había esperado tanto para serlo!

¡Tantos años! Y, cuando lo estoy rozando con los dedos, me resisto absurdamente a abandonar mi vida, a dejar de ser quien soy, a cambiar las cosas. Me estalla la cabeza. Me voy a volver loca.

David tiró de mí como buena y humanamente pudo, nadando contra su propia impotencia. Con su ayuda logré calmarme. Volvimos a pedir ayuda psicológica y conseguí comprender que, dada la situación, mi reacción era algo esperable. Más sosegada, recuperé fuerzas y aplomo para manejar el estallido emocional. Y seguimos adelante.

El 26 de noviembre conocimos a aquellos dos pequeños. Pasamos con ellos un par de horas maravillosas, haciéndoles nuestros primeros regalos y jugando. ¡Nos llamaron papá y mamá! Pude vernos como una familia. Respiré aliviada. Me reconfortó pensar que podía enfrentar mis trampas mentales y el pánico que había vivido esos días. ¡Por fin!

Sin embargo, la trabajadora social y la psicóloga que formaban el equipo técnico no lo juzgaron así, y denegaron el proceso de acoplamiento y adopción. Argumentaron que mi estado emocional en ese momento implicaba un peligro para el bienestar de los menores. El vaivén emocional demostrado y comprensible en cualquier mujer embarazada o recién parida no es admisible, bajo ningún concepto, en una madre adoptiva que ha hipotecado su vida en un proyecto de años sin garantía. Es el lado oscuro de la adopción. Así lo vi. Así lo sigo entendiendo. Con cuánta facilidad se despachan en treinta minutos diez años de espera.

El mundo se detuvo. Una parte de mí murió junto al proyecto de ser madre. Al «¿por qué a mí?» se unió el «¿ahora qué?». No le encontraba sentido a mi vida. Me encerré en sentido figurado y literal, ayudada por pandemias y mascarillas con las que me ocultaba y escondía, huyendo de la gente por vergüenza y por miedo a que me hicieran más daño, como si eso fuera posible. Alimenté el sufrimiento y la rabia con odio y victimismo, deseando hacerme pequeña y desaparecer de una vez para siempre.

Pero lo que parecía el final del trayecto, resultó ser un principio. Han pasado ya cuatro años de aquellos sucesos que pusieron el punto final a mi búsqueda de la maternidad. Contra mi pronóstico, los días malos fueron siendo menos y los buenos, más. La naturaleza trabajaba por mí y descubrí que tenía eso que llaman resiliencia, un poder humilde y oculto que sana y salva.

Pensé y reflexioné mucho, y me di cuenta de que, centrada solo en ser madre, estaba desperdiciando mi vida. El sentimiento de incomprensión y de no encajar en una sociedad que solo te valora si cumples normativamente las expectativas me condujo a fijarme en las que, como yo, no tenían hijos para ver si podía encontrar respuestas a mis interrogantes y, de paso, palabras de consuelo. Leí libros. Busqué por Internet. En enero de 2022 di un paso adelante y entré en un círculo de mujeres que estaban en proceso de aceptar su no maternidad. Fue mi regalo de Reyes de ese año.

Aceptación es una palabra clave. Es el punto y aparte para remontar. Es la llave que abre la puerta de oportunidades y nuevos comienzos. La lección más importante de todas, sin duda.

En estos últimos meses me he cuestionado mucho sobre si el deseo de ser madre nace realmente de mí o se construye sobre los deseos y expectativas de otros: sociedad, familia, amigos. Si ser madre es necesidad o deseo o ambas cosas. Si hablar de deseo y de ilusión no es infantilizar una circunstancia que no siempre forma parte del discurrir de la vida. Si ese objetivo justifica traspasar cualquier límite y si merece la pena concentrar todo el abanico de posibilidades y opciones de ser mujer bajo el prisma de la maternidad.

Las no madres por circunstancias somos una minoría numerosa que habla y grita desde el silencio, desde un destierro social autoimpuesto e incomprendido. Es importante que nos reconozcamos, que salgamos de nuestras dolorosas zonas de confort (cuidado, que el dolor también engancha), que levantemos las miradas del suelo y alcemos la cabeza con dignidad, porque no merecemos menos.

No soy madre, pero soy otras muchas cosas: mujer, profesional, amiga, deportista, creativa, independiente, sensible, sintiente. Tener hijos no me completa como mujer. Es ser yo misma, con todas mis luces y todas mis sombras, lo que me hace completa. Y eso pasa por aceptar, sin dramas y con paz, una parte de mi realidad, la de que no tengo hijos y no los tendré nunca... y que todo está bien.

Sé que esta cicatriz no desaparecerá nunca. La siento en días de borrasca, pero he aprendido a cuidarme de muchas maneras y a disfrutar del momento presente, a valorar lo que tengo y lo que soy. No elegí voluntariamente no ser madre, pero la vida me ha llevado por aquí y cualquier resistencia será inútil. Me tengo a mí misma, sonriendo al otro lado del espejo, dispuesta a secarme las lágrimas cada vez que vuelvan a aparecer, renacida cada día, lista para compartir, vivir, amar.

Epílogo

Este libro es fruto de mi experiencia personal, de mi trabajo de investigación y divulgación, y también de mi formación en Terapia Gestalt. Espero que estas páginas te acompañen en tu propio camino.

He buscado reflejar todo que he aprendido al acompañar a mujeres sin hijos en los círculos que, desde enero de 2022, organizo junto a mi hermana Elisabet.

La escritura de este libro me ha permitido expresar porciones de mí que descubrí hace relativamente poco. He llorado mucho. ¡Ha sido realmente emocionante vivir este proceso! También he sentido miedo, entre otras cosas porque con estas páginas siento que cierro un ciclo de mi vida, no sé si el más importante, pero sí el más transformador hasta ahora, ¡a tantos niveles, además! La publicación de este libro es el último paso que me faltaba dar para conservar lo esencial de este proceso para mí y entregar el resto al mundo.

Experimentar no haber podido ser madre, integrar el duelo que aquello significó para mí, cuestionar tantas cosas que he creído, descubrir la mujer que soy y soltar la que un día quise ser, me ha ayudado a sanar algunas heridas de la infancia. Ahora mi niña interior sonríe, se siente más fuerte y segura, respaldada por la mujer en la que me he convertido hoy.

Para finalizar, deseo expresar que tengo la certeza, tanto en mi pensamiento como en mi cuerpo, de que aunque no me alegro de lo que me sucedió, sí celebro lo que fui capaz de hacer con ello.

En memoria de mi sobrino Adrià y de todos los bebés de mi familia que nacieron sin vida o que vivieron demasiado poco tiempo.

Agradecimientos

Gracias a mi compañero de vida, Jonàs. Por no soltarme de la mano nunca, por ayudarme a volver al presente cuando me perdía. Gracias por tu generosidad, por permitir que haga pública una parte tan íntima de tu historia, de nuestra historia. Por cuidarme tanto. No imagino a otra persona con quien haber vivido esta aventura y por eso te sigo eligiendo cada día. *T'estimo molt!*

Gracias a mi madre y a mis hermanos. Y a mis cuñados y cuñadas, cómplices a partes iguales. Gracias por animarme a seguir adelante siempre, por interesaros con tanto amor por todos mis proyectos.

Gracias a mi madre Pilar, por entender que lo importante es que su hija sea feliz, sea o no sea madre.

Gracias a mi hermana Eli, por ser uno de mis mayores apoyos y mi mejor amiga para siempre. Somos *hermigas*. Gracias por tu entrega en mi proceso. ¡Juntas hacemos y haremos cosas increíbles!

Gracias a mi hermano David, por escucharme sin juicios y por respetar mis silencios.

Gracias a mis sobrinos, a todos ellos. Son un tesoro invaluable para mí y una gran fuente de inspiración. Me encanta ser vuestra tía.

Gracias a la editorial Kōan y a mis queridas editoras, Fernanda, Eva y Victoria. Gracias por creer en mí y hacer posible este libro.

Gracias a Alaine Agirre, escritora talentosa y querida amiga, por acompañarme en esta aventura y prologar este libro. *Eskerrik asko!*

Gracias a las muchas mujeres que han formado parte de mi historia hasta hoy y que me han acompañado y me acompañan en mi proceso personal: a mis compañeras de formación Gestalt, a mis tutoras, a mi terapeuta. Con vosotras he recorrido un trecho muy importante de mi camino, que ha sido transformador.

Gracias a Noelia, mi primera psicóloga, que me enseñó a poner y ponerme límites.

Gracias a Ester, la matrona que me acompañó en mis pérdidas gestacionales.

Gracias a Gloria, por ser la primera mujer a la que oí hablar del duelo de la no maternidad, en un momento en que este tema aún no era tratado por nadie.

Gracias a todas mis amistades, tanto las que continúan a mi lado como aquellas que se han ido alejando, permitiendo así la llegada de nuevas personas y vínculos que tienen más que ver con mi presente.

Gracias a mi comunidad de Instagram. Esto no sería posible sin vosotras. Gracias por vuestro amor y por apoyarme en todos mis proyectos.